COMUNICAR
CON CLARIDAD

ROBERT HELLER

grijalbo

UN LIBRO DE DORLING KINDERSLEY

Editores del proyecto Marian Broderick,
Nicky Thompson
Editor artístico Elaine C. Monaghan
Diseño Simon J. M. Oon, Adam Powers

Diseño DTP Jason Little
Control de producción Silvia La Greca,
Michelle Thomas

Edición de la serie Jane Simmonds
Edición artística de la serie
Tracy Hambleton-Miles

Directora de edición Stephanie Jackson
Director artístico Nigel Duffield

Título original: *Communicate clearly*

Traducción de: Irene Saslavsky

Copyright © 1998 Dorling Kindersley Limited, Londres
Copyright del texto © 1998 Robert Heller
Copyright © 1998 Grijalbo Mondadori, S.A.
Aragó 385 – Barcelona

ISBN 84-253-3304-0

Impreso en Italia por Graficom

ÍNDICE

INTRODUCCIÓN

El arte de transmitir un mensaje con eficacia es una aptitud esencial en un buen directivo. Tanto si desea hacer presentaciones con seguridad como negociar con éxito, Comunicar con claridad le ayudará a perfeccionar sus dotes de comunicador. Desde comprender el lenguaje corporal hasta redactar informes y propuestas —elementos fundamentales en la comunicación empresarial— se explican aquí con claridad. También incluimos consejos prácticos acerca de las relaciones públicas, la publicidad, la informática y las técnicas mediáticas, y, además, le brindamos 101 consejos diseminados a lo largo del libro. Finalmente, un ejercicio de autoevaluación le permitirá evaluar su capacidad para comunicar.

INFORMACIÓN ESENCIAL

Todos nos comunicamos de un modo u otro, pero hay pocos directivos que transmiten sus mensajes con precisión. Aprenda algunas reglas básicas para que sus mensajes sean captados con mayor claridad.

CONSEGUIR UNA COMUNICACIÓN MEJOR

La buena comunicación es el alma de las empresas. Puede presentar muchas formas, hablar, escribir y escuchar, aunque su objetivo siempre consiste en transmitir un mensaje a unos destinatarios. Empléela para manejar la información y mejorar sus relaciones.

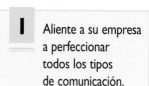

1 Aliente a su empresa a perfeccionar todos los tipos de comunicación.

2 Tenga en cuenta que los buenos comunicadores son mejores directivos.

SER EFICAZ

Una comunicación eficaz (y por ello, una empresa eficaz) depende de que las personas comprendan su mensaje y que respondan de manera que hagan avanzar el intercambio, preferentemente en la dirección deseada por usted. La comunicación siempre es un proceso de dos direcciones. La gestión supone que uno se comunica para que las cosas se lleven a cabo, para transmitir y obtener información, tomar decisiones, alcanzar acuerdos y forjar relaciones.

6

LOS OBSTÁCULOS

Cualquier comunicación supone la participación de dos partes, cada una de las cuales puede tener necesidades, deseos y actitudes diferentes. Estas necesidades y deseos pueden presentar obstáculos si entran en conflicto con los de la otra parte, y dichos obstáculos pueden impedir que usted transmita o reciba el mensaje correcto. Para tener éxito, cualquier comunicación ha de superar dichos obstáculos y el primer paso consiste en reconocer que existen.

▼ COMUNICAR DE MANERA POSITIVA

Uno de los primeros pasos para una buena comunicación es eliminar obstáculos. Mirar a los ojos, escuchar lo que el otro dice e imitar su lenguaje corporal le ayudarán a establecer una buena comunicación.

Mirar directamente a la persona con la que se habla demuestra que no se teme lo que pueda decir

Si inclina ligeramente la cabeza demuestra que está escuchando

Mire a los ojos

Elimine obstáculos adoptando la pose y las acciones de la otra persona

LA CLARIDAD

Las tres reglas que rigen una buena comunicación hacen referencia a la claridad:

● Tenga claro lo que desea comunicar;
● Transmita el mensaje sucintamente;
● Asegúrese de que el mensaje ha sido comprendido.

Una buena comunicación supone expresarse con claridad y comprender cualquier reacción.

3 Cuando entable conversación con los demás, no sea sentencioso.

ELEGIR UN MÉTODO

Al transmitir un mensaje, es esencial que reflexione seriamente sobre el medio elegido. Muchos optan entre la forma oral y la escrita. Si decide que desea rapidez y comodidad, es muy posible que opte por la forma oral como mejor medio. También es posible que desee algo más permanente –un documento mecanografiado, por ejemplo– que suscitará una respuesta ponderada.

Los medios electrónicos han generado aún más posibilidades al ofrecer una forma de hablar y escribir híbrida. Así, el correo electrónico posee la velocidad y la informalidad de una conversación telefónica, y sin embargo se realiza en forma de carta y puede archivarse. El objeto del mensaje dictaminará qué método elegir. Primero ha de decidir qué mensaje desea enviar y después seleccione el mejor método para transmitirlo, asegurándose de que domina la técnica necesaria.

DIFERENCIAS CULTURALES

Los estilos de comunicación verbales y gestuales varían como la cocina de cada país: para los japoneses y otros asiáticos es más fácil permanecer en silencio. Los alemanes, los nórdicos y los británicos gesticulan poco. Estos últimos evitan expresarse con claridad, mientras que los australianos pueden desconcertar a los demás hablando con mucha claridad y firmeza. A los estadounidenses les agrada comunicarse por medio de frases hechas y consignas, con un gran despliegue de elementos visuales.

4 Piense en el mejor medio para transmitir cada mensaje.

5 Siempre que sea posible, use elementos visuales para comunicarse.

COMBINAR MÉTODOS

Los métodos para comunicarse se pueden agrupar en cinco tipos principales: la palabra escrita, la hablada, el gesto, la imagen y una combinación de todos. Aunque los primeros cuatro funcionan bien individualmente, ahora se sabe que el uso de dos o más sistemas de comunicación utilizados conjuntamente aumentan el interés, la comprensión y la retención.

Los ejemplos de este enfoque combinado son las videoconferencias. Este proceder combinado permite un mejor uso de los elementos visuales y cada vez más es el medio elegido cuando se trata de comunicarse con un gran número de personas, como, por ejemplo, los empleados de una gran empresa.

ELEGIR MÉTODOS DE COMUNICACIÓN

TIPO DE COMUNICACIÓN	EJEMPLOS	UTILIDAD
PALABRA ESCRITA En cualquier idioma, la palabra escrita es básica en las sociedades alfabetizadas.	Cartas, notas, informes propuestas, contratos, resúmenes, agendas, anuncios, actas, planos, documentos de discusión.	La palabra escrita es la base de la comunicación empresarial y se usa porque es relativamente permanente y accesible.
PALABRA HABLADA La comunicación es eficaz cuando la escuchan sólo las personas adecuadas. 	Conversaciones, entrevistas, reuniones, llamadas telefónicas, debates, anuncios, discursos.	Los intercambios verbales entre personas y por teléfono se usan debido a su inmediatez; son el medio principal para realizar el trabajo cotidiano en las empresas.
GESTOS SIMBÓLICOS Cualquier conducta positiva o negativa visible o audible para el destinatario. 	Gestos, expresiones faciales, acciones, hechos, tono de voz, silencio, postura, actitud, movimiento, inmovilidad, presencia, ausencia.	Los actos y el lenguaje corporal afectan a las personas profunda pero inconscientemente; recuerde que uno puede manipular las señales positivas y negativas.
IMÁGENES Imágenes perceptibles para un grupo de destinatarios.	Fotografías (diapositivas), dibujos, ilustraciones, gráficos, diagramas, vídeo, logotipos, películas.	Las imágenes se utilizan porque transmiten mensajes conscientes e inconscientes de forma muy gráfica y comprensible.
ENFOQUE COMBINADO Una combinación de los distintos métodos anteriores, con especial apoyo en la informática.	Televisión, diarios, revistas, folletos, carteles, Internet, Intranet, vídeo, radio, casetes, CD-ROM.	Este proceder es especialmente útil cuando puede ser participativo.

EL LENGUAJE CORPORAL

El lenguaje corporal, que es una amplia gama de movimientos físicos inconscientes, puede reforzar la comunicación o perjudicarla. Incluso cuando alguien está completamente inmóvil, es posible que esté comunicando inconscientemente sus auténticos sentimientos.

6 Si está de pie junto a otros, colóquese más o menos a 1 m de distancia.

COMUNICARSE CON EL ▼ LENGUAJE CORPORAL

La postura es un aspecto muy importante del lenguaje corporal. Durante un primer encuentro, estas tres posturas generarían impresiones muy diferentes. La positiva puede ser la que tenga el mejor efecto estimulando una comunicación abierta, mientras que la negativa la dificultaría.

LEER EL LENGUAJE CORPORAL

Debido a su sutileza y su alcance, el lenguaje corporal es difícil de interpretar y de controlar. Sin embargo, una comprensión general del lenguaje corporal permite comprender las auténticas opiniones de los demás. Por ejemplo, si las personas se sienten incómodas porque están mintiendo, la torpeza de su lenguaje corporal lo delatará.

Mira de frente y con una postura abierta que demuestra confianza.

Las manos en las caderas indican determinación

Una mirada directa y una amplia sonrisa demuestran una atención cordial

Una mirada directa denota atención

Las manos y piernas relajadas denotan falta de tensión

Una mirada indirecta es evasiva

Tirarse de las orejas indica duda

Apartar el cuerpo significa un rechazo de las palabras del otro

Una ligera inclinación hacia delante indica inseguridad

POSITIVA   NEUTRAL   NEGATIVA

DOMINAR LOS NERVIOS

Tener nervios antes de una presentación o una entrevista es muy natural. La mente se prepara para entrar en acción a través del sistema nervioso, de manera que los nervios se deben en parte a las glándulas que bombean adrenalina a la sangre. Use el lenguaje corporal para parecer menos nervioso haciendo un esfuerzo consciente para sonreír y relajar los brazos. Mire directamente a los ojos mientras habla o escucha, mantenga una postura erguida y cómoda, y no juguetee con las manos.

DIFERENCIAS CULTURALES

Británicos y estadounidenses dejan más distancia con los demás que las personas de otros países, y es probable que se alejen si sienten que el otro se acerca demasiado. Las personas que viven en el campo mantienen más distancia que los que viven en las ciudades.

7 Si se siente tenso, inspire de manera lenta y profunda.

MANTENER LA DISTANCIA

Mantener una distancia aceptable entre las personas es una parte del lenguaje corporal, y esta distancia cambia según la situación. La distancia corporal de los asistentes a una reunión social es menor que la que adoptan los extraños en una reunión de trabajo. Respete siempre las distancias respecto del espacio ajeno para no generar reacciones defensivas u hostiles.

CREAR UNA IMPRESIÓN

Las primeras impresiones son muy importantes. Se cree que los primeros cinco segundos en cualquier primer encuentro son más importantes que los cinco minutos siguientes. A la hora de elegir la vestimenta y el arreglo personal peque de conservador. Incluso si lo necesario es un aspecto informal, asegúrese de que su ropa y sus zapatos estén impecables. Antes de asistir a una reunión, compruebe que va bien peinado.

Cabello peinado
Cabello despeinado
Postura erguida
Arrugas
Chaqueta abotonada
Zapatos lustrados
Postura desaliñada
Zapatos sucios
DESALIÑADO **ELEGANTE**

UNA BUENA IMAGEN ▶
El arreglo personal y la postura siempre determinan una impresión. Esta mujer tiene un aspecto mucho más confiado y capaz porque ha hecho un esfuerzo para ir elegante y natural.

COMPRENDER
Y UTILIZAR LOS GESTOS

Los gestos, junto con la postura, son un aspecto importante del lenguaje corporal. Saber cómo gesticular en un estrado ante el público o en una reunión cara a cara le ayudará a transmitir su mensaje.

8 Si no sabe cómo comportarse en el extranjero, pida consejo a los del lugar.

9 Asegúrese de que su expresión no sea inconscientemente hostil.

DIFERENCIAS CULTURALES

Algunas variaciones del lenguaje no verbal que conviene tener en cuenta son el gesto estadounidense de hacer un círculo con el pulgar y el índice indicando aprobación (puede ofender a un danés); señalar con el dedo (es de mala educación en China), el entusiasmo francés por dar apretones de manos (excesivo para los británicos); sacudir la cabeza indicando negación (en India significa «sí») y abrazar en público (inaceptable en Singapur).

RECONOCER GESTOS

Todos los oradores usan gestos para destacar algo. Por ejemplo, John F. Kennedy usaba un gesto cortante, mientras que Hitler sacudía el puño. Recursos como golpearse una mano con el puño, señalar o abrir las manos, pueden reforzar puntos que expresa oralmente. Recuerde que los gestos exageradamente autoritarios, como golpear la mesa u otros indicios de enfado, pueden molestar. Y si golpea una mesa, procure que los golpes no ahoguen su discurso.

Los gestos pueden combinarse formando pautas complejas. Por ejemplo, en una reunión privada, es posible que note que un colega lo está evaluando mientras lo escucha debido a la posición de sus dedos apoyados en la mejilla o la barbilla. Sin embargo, para saber si la evaluación es positiva o no, debe considerar otras señales, como si tiene las piernas cruzadas de manera defensiva y si la cabeza y el mentón están inclinados hacia abajo en actitud agresiva.

10 Practique varios gestos delante de un espejo para encontrar los que le resulten más naturales.

EMITIR SEÑALES CORPORALES

Los gestos que indican apoyo, como mirar a los ojos e inclinar la cabeza cuando alguien habla, generan comprensión, salvo que la persona con la que habla se dé cuenta de que el otro está ocultando sus sentimientos. Podemos controlar hasta cierto punto el lenguaje corporal, pero no del todo. Elija las palabras con cuidado y sea lo más sincero que pueda; de otro modo, su lenguaje corporal puede contradecirle.

Gesticular con las manos realza las palabras

La mano apoyada en el mentón indica evaluación

Las cejas levantadas indican interés

▲ ESCUCHAR CON APROBACIÓN
Aquí lo indica la cabeza ligeramente inclinada y una mirada amistosa.

▲ PRESTAR ATENCIÓN
La mirada y el cuerpo inclinado hacia delante demuestran interés y buena disposición.

▲ DESTACAR UN PUNTO
Gesticular con la mano es una manera de reforzar un elemento del discurso.

Una mirada indirecta aumenta la sensación de incertidumbre

El brazo abrazando el cuerpo es una manera de protegerse

Las cejas fruncidas y los ojos cerrados denotan duda

▲ DEMOSTRAR INCERTIDUMBRE
Mordisquear un bolígrafo indica temor y falta de confianza.

▲ NECESIDAD DE SER RECONFORTADO
La mano rodeando el cuello y la otra la cintura muestran una necesidad de ser reconfortado.

▲ EXPERIMENTAR CONFUSIÓN
Cerrar los ojos y pellizcarse la nariz revelan que uno se siente confuso y en conflicto.

APRENDER A ESCUCHAR

Muchas veces no se tiene en cuenta que la comunicación es un proceso de dos direcciones, pues lo importante es que ambas partes se comprendan. Las técnicas para escuchar son esenciales, ya que el modo en como se escucha es relevante para el otro y ayuda al intercambio.

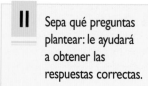

11 Sepa qué preguntas plantear: le ayudará a obtener las respuestas correctas.

12 Use el silencio para alentar a los dubitativos a hablar.

DEMOSTRAR ATENCIÓN

Si busca información, consenso o desea establecer una relación de trabajo, cuanto más evidente sea que escucha con atención, mejor. Puede que tenga que hablar para obtener una respuesta, pero muestre que no desea dominar la conversación. Plantee preguntas abiertas que provoquen una discusión y responda con brevedad. Repita mentalmente las palabras clave mientras las escucha para ayudarle a recordar lo dicho.

APLICAR LAS APTITUDES PARA ESCUCHAR

TIPO DE ESCUCHA	PONER EN PRÁCTICA LOS MÉTODOS
COMPENETRARSE Alentar al que habla y obtener información de un modo cordial.	Intente comprender lo que está pensando el otro y permítale sentirse cómodo. Preste mucha atención a lo que dice, hable muy poco y aliéntelo con palabras y gestos.
ANALIZAR Buscar información concreta e intentar separar los datos de las emociones.	Plantee preguntas analíticas para descubrir los motivos subyacentes de las afirmaciones del que habla, especialmente si necesita comprender una secuencia de datos o pensamientos. Pregunte con cuidado, para poder obtener indicios a partir de las respuestas, y emplee las respuestas del otro para formular las preguntas siguientes.
SINTETIZAR Tomar la iniciativa para dirigir la comunicación hacia su objetivo.	Si necesita alcanzar un resultado concreto, haga afirmaciones a las que los demás puedan contestar con ideas. Escuche y conteste a los comentarios de los otros de manera que sugiera qué ideas se pueden poner en práctica.

● Si escucha con atención, inspirará confianza en el que habla.

● Créase lo que le dicen hasta que se demuestre lo contrario.

● Si sólo oye lo que desea escuchar, provocará malentendidos.

● Las interrupciones constantes pueden ser muy desalentadores para aquellos que tienen dificultades para comunicar sus opiniones.

INTERPRETAR EL DIÁLOGO

Crea en las afirmaciones sin interpretar significados ocultos subyacentes en lo manifestado. Compruebe su comprensión reformulando las afirmaciones y repitiéndolas. Entonces debería quedar claro que ambos se han comprendido, o puede que lo corrijan y aclaren la afirmación. Sin embargo, tenga en cuenta los indicios físicos, como una mirada huidiza, y los orales, como el titubeo o las contradicciones, que son razones para desconfiar de la veracidad del mensaje. Evite oír sólo aquello que desea escuchar y nada más.

LA PROGRAMACIÓN NEUROLINGÜÍSTICA (PNL)

Una de las teorías básicas de la programación neurolingüística (PNL) es que la manera de hablar de las personas demuestra cómo piensan. Las preferencias respecto de cómo se piensa pueden catalogarse por la elección de la frase. Las categorías incluyen lo visual, indicado por frases como «Veo qué te propones con eso», y lo auditivo, indicado por frases como «Esto me suena problemático». Una forma de escuchar con atención es responder con el mismo código. Es decir, que puede responder al lenguaje visual con lenguaje visual, al auditivo con el auditivo, etc. Al mismo tiempo que escucha con atención y refleja la manera de pensar preferida de la otra persona, puede incrementar la sensación de comprensión si adopta su postura y usa sus mismos gestos.

Mirada directa

Manos ligeramente plegadas

Sonrisa con la boca cerrada

Postura activa

▲ ESCUCHAR E IMITAR

Las técnicas de PNL pueden servir para eliminar la tensión de una situación. Por ejemplo, si está en franco desacuerdo con alguien sentado enfrente de usted, escuche cómo habla y después hable usted mismo usando unas imágenes y una fraseología similares. Si adopta una postura defensiva, refléjela de manera sutil y después cámbiela lentamente por una más abierta para alentarle a estar menos a la defensiva.

DETECTAR PREJUICIOS

Cuando sólo se cumplen sus propias expectativas, es probable que su actitud mental no sea abierta. La mayoría tenemos este problema y estamos inconscientemente influidos por puntos de vista estereotipados. Nos influyen las personas y solemos aceptar opiniones sin reflexionar. Los prejuicios obstaculizan la buena comunicación. Si es capaz de reconocer sus prejuicios, podrá escuchar mejor.

> **13** Reflexione sobre las palabras que escucha, no acerca de quién las dice.

SUPERAR LOS PREJUICIOS

Los prejuicios personales pueden ser difíciles de erradicar y aparecer al margen de la conducta o el carácter de los demás. Un error que se comete con frecuencia es suponer que se sabe lo que alguien va a decir, y por tanto ya no se le escucha. Sin embargo, las personas no siempre se conducen según un estereotipo o lo esperado. Escuche lo que le dicen con atención y no permita que sus prejuicios se interpongan.

EVITAR ▼ EL FAVORITISMO

En este ejemplo, un gerente solicita las opiniones de tres subordinados acerca de una nueva estrategia. Tiene prejuicios acerca de cada uno. Para que la reunión sea un éxito debe superar dichos prejuicios y escuchar lo que dicen sin hacer suposiciones.

El gerente tiene varias ideas preconcebidas

El gerente considera inadecuado no llevar corbata

La mujer segura pone al gerente a la defensiva

La ropa es similar a la que lleva el gerente y obtiene aprobación

COMPRUEBE QUE COMPRENDE EL MENSAJE

Use frases como éstas cuando tenga que aclarar lo dicho o si cree que su propio mensaje no ha sido comprendido. Responsabilícese de averiguar las cosas que necesita saber y escuche las respuestas que recibe.

《 *Me temo que no he comprendido bien lo que ha dicho. ¿Le importaría repetirlo, por favor?* 》

《 *Soy consciente de que éste no es su campo, pero me interesaría mucho escuchar su opinión.* 》

《 *Quizá no me he expresado con claridad. Lo que quería decir es...* 》

CONTESTAR A ALGUIEN

14 Tenga una actitud abierta frente a sus interlocutores.

El primer paso para contestar a lo oído es escuchar correctamente. Si está preparando una respuesta o piensa en lo que dirá mientras debería estar escuchando, no presta toda su atención a lo que se está diciendo. En su respuesta, esboce lo que ha comprendido hasta el momento. Si necesita que se lo repitan, que se lo vuelvan a explicar o una información suplementaria, no dude en pedirlo.

Escuchar ➡ **Contestar** ➡ **Actuar**

ACTUAR SEGÚN LO ESCUCHADO

En algunos casos, la comunicación es un fin en sí mismo. En otros la acción es esencial. Nunca debe prometer una medida y después no llevarla a cabo. Un ejemplo clásico es el estudio de la actitud de los empleados, que siempre hace surgir expectativas respecto de las medidas que se tomarán para remediar los errores de la dirección. No tomar medidas relativas al estudio significa que no ha escuchado y transmite un mensaje perjudicial. Cumpla sus promesas y tome medidas lo antes posible.

▲ **PRIMERO ESCUCHE**
Los tres pasos para una buena comunicación son: escuchar con cuidado lo que se dice; contestar (si fuera necesario, pedir una aclaración) y, finalmente, tomar medidas.

15 Las promesas han de ponerse por escrito para evitar malentendidos.

Plantear preguntas

Para establecer una base para una buena comunicación es muy importante plantear bien las preguntas. Por qué, qué, cómo y cuándo son las cuestiones básicas. Empléelas a menudo para obtener, de sí mismo o de los otros, las respuestas necesarias para una gestión eficaz.

16 Si quiere obtener una respuesta en concreto, haga una pregunta concreta.

17 Use preguntas abiertas para comprender el carácter del otro y suscitar una respuesta.

Saber qué preguntar

Las preguntas correctas abren la puerta al conocimiento y la comprensión. El arte de hacer preguntas consiste en saber qué preguntas hacer y cuándo hacerlas. Dirija la primera pregunta a sí mismo: si pudiera apretar un botón mágico y obtener toda la información deseada, ¿qué querría saber? La respuesta le ayudará inmediatamente a plantear las preguntas correctas. Si planea una reunión, prepare una lista de respuestas que necesite obtener. A medida que avance la reunión, marque las respuestas obtenidas. Si se le ocurrieran nuevas preguntas mientras los demás hablan, anótelas y plantéelas más adelante.

Elegir preguntas

Al preparar preguntas por adelantado, siempre debe considerar el tipo de pregunta que le garantizará cumplir con sus objetivos. Puede que quiera iniciar una discusión, obtener una información determinada, alcanzar un fin en particular o dar una orden disfrazada de pregunta. Sin embargo, tenga en cuenta que rara vez las preguntas preparadas serán suficientes: las respuestas pueden ser incompletas o pueden provocar una nueva línea de preguntas. Siga preguntando hasta que haya conseguido las respuestas que necesita. Al hacer preguntas preparadas, tenga en cuenta el lenguaje corporal que acompaña a las respuestas y formule, si es necesario, una nueva serie de preguntas.

18 Escriba una lista de preguntas antes de iniciar una reunión.

19 No tema hacer una pausa antes de pensar en la pregunta siguiente.

ELEGIR PREGUNTAS PARA OBTENER DIFERENTES RESPUESTAS

TIPOS DE PREGUNTA	EJEMPLOS
ABIERTA La pregunta no provoca ninguna respuesta en particular: suscita comentarios.	P ¿Qué le parece la idea de que la empresa instale un servicio de bar para todos los miembros del personal? R Me parece una buena idea por diversas razones.
CERRADA La pregunta es concreta y debe contestarse con un sí o un no, o detalladamente según corresponda.	P ¿Alguna vez lee la revista o el boletín informativo de la empresa? R No.
DE INVESTIGACIÓN El objetivo es obtener información acerca de un tema en particular.	P ¿Qué porcentaje del personal ha respondido al estudio sobre la actitud del personal? R De 2000 cuestionarios obtuvimos 1400 respuestas, el 70%.
DE SEGUIMIENTO La intención es obtener más información o suscitar una opinión.	P ¿Es una buena respuesta, comparada con la anterior? R El promedio es de dos tercios, de manera que esto indica una moral razonablemente buena.
DE REACCIÓN El objetivo es obtener un tipo de información en particular.	P ¿Cree que la comunicación dentro de la empresa ha mejorado? R Sí. Encuentro útil poder hablar con el gerente en nuestras reuniones quincenales.

EL TONO JUSTO

El tono de voz forma parte de la comunicación, por ejemplo, puede transmitir enfado o comprensión. Un tono incorrecto puede generar una respuesta contraproducente; procure mejorar su capacidad para controlar el tono de la voz. Escuche su voz en una grabadora. ¿Existe alguna brusquedad no intencionada? ¿Es demasiado conciliadora? Practique hasta quedar satisfecho con su tono. Suele ser posible obtener un acuerdo entre personas usando un tono de voz optimista y seguro.

> **20** Hable en un tono lo más natural posible para generar un ambiente cálido.

LEER CON EFICACIA

Cuanto más lea y comprenda, tanto mejor informado estará. Es posible aumentar la velocidad y la eficacia de la lectura aplicando diversas técnicas sencillas. La concentración es la clave de todos los métodos para leer con mayor velocidad y comprensión.

21 Para aumentar su memoria, utilice el sistema de asociaciones.

LEER CON EFICACIA

Los dos sistemas más habituales para leer y comprender un pasaje es leerlo lentamente o leerlo y luego repasarlo. Ninguno es eficaz. Leer lentamente no ayuda a la comprensión. El segundo método, conocido como regresión, reduce la velocidad a la mitad pero sólo mejora la comprensión entre un 3 y 7%. Elimine la regresión y su velocidad de lectura aumentará en una cifra promedio de 250-300 palabras por minuto hasta las 450-500 ppm sin una pérdida de la comprensión.

22 Asegúrese de que las condiciones de lectura sean aceptables.

LEER EN DIAGONAL

Leer en diagonal puede ayudarle a gestionar su tiempo y reducir el tiempo dedicado a la lectura. En la lectura normal, los ojos realizan pequeños movimientos rápidos entre grupos de palabras y se «fijan» brevemente en cada grupo. Para leer más rápido, se incrementa el tamaño de los grupos y se acelera la velocidad de desplazamiento entre ellos. Antes de leer un libro o una propuesta, si tiene un índice, un prólogo y un epílogo, écheles una ojeada para decidir qué necesita leer.

La póstura cómoda ayuda a concentrarse

El libro está plano sobre el escritorio

AUMENTAR LA VELOCIDAD ▶
Al practicar, lea veinte minutos y después pare. Elimine las distracciones al leer y asegúrese de estar cómodo. Siéntese erguido, con una buena iluminación y el libro plano.

PERFECCIONAR LA MEMORIA

El tiempo promedio para leer un libro razonablemente extenso de unas 100.000 palabras es de unas siete horas. Puede dividirlo por la mitad leyendo en diagonal. El propósito de aprender cómo leer con mayor rapidez es aumentar la velocidad máxima de lectura en un 80%, sin reducir el nivel de comprensión. Pero leer y comprender con mayor rapidez no ayuda si uno olvida inmediatamente lo que ha leído; puede que tenga que perfeccionar su capacidad para memorizar.

La memoria es más intensa después de algunos minutos, y después de veinticuatro horas se pierde el 80%. Una manera eficaz de aprender a partir de un libro es estudiar durante una hora, esperar durante una décima parte del tiempo dedicado a estudiar (seis minutos), revisar lo estudiado y luego esperar durante el período de estudio multiplicado por diez (en este caso, diez horas) antes de empezar a revisar otra vez.

PUNTOS QUE RECORDAR

- Se suele sobreestimar la capacidad de comprensión.
- Se puede obtener un montón de información echando una mirada a las ilustraciones y gráficas.
- Es posible aprender a leer con rápidez en un curso o mediante un libro.
- Para comprobar si vale la pena leerlo, se puede ahorrar tiempo mirando el índice de un libro, las páginas introductorias y el epílogo.
- Es posible aumentar la memoria cambiando el método de retención y revisando lo aprendido con regularidad.

COMPROBAR LA COMPRENSIÓN

Hay unas 300 palabras en estas páginas bajo el encabezamiento de «Leer con eficacia», «Leer en diagonal» y «Perfeccionar la memoria». Para comprobar cuánto ha comprendido, vuelva a leerlas (debería tardar alrededor de un minuto); después, conteste las siguientes preguntas.

PREGUNTAS

1. ¿Qué es la regresión?
2. ¿Cuánto se acelera gracias a la regresión?
3. ¿Cuál es la velocidad de lectura promedio?
4. ¿Cuál es el objetivo de un curso de lectura rápida?
5. ¿Cuál es el alcance de la lectura rápida?
6. ¿Cuál es el principal resultado de leerlo todo dos veces?
7. ¿Cuánta memoria se pierde después de veinticuatro horas?
8. ¿Cuál es la extensión de un libro largo?
9. ¿Cuánto debe tardarse en leer en diagonal un libro razonablemente largo?
10. ¿Cuándo es más intensa la memoria?

RESPUESTAS: 1. Releer el material. 2. Entre un 3 y 7 %. 3. Entre 250-300 palabras por minuto. 4. Aumentar la velocidad máxima en un 80% sin pérdida de comprensión. 5. Entre 450 y 500 palabras por minuto. 6. Leer todo dos veces se limita a dividir la velocidad potencial de lectura por la mitad. 7. Un 80%. 8. Unas 100.000 palabras. 9. Unas tres horas y media. 10. Después de algunos minutos.

TOMAR NOTAS

No es necesario confiar en la memoria si se dominan una serie de métodos eficaces para grabar un discurso o resumir una comunicación escrita. Hay diversas maneras de hacer registros escritos: pruebe varias y utilice el método que más le convenga.

23 Lea sus apuntes mientras lo anotado sigue fresco en su mente.

TOMAR NOTAS CONCISAS

Si toma notas mientras las personas hablan, no intente escribir normalmente y con un orden lógico, o no podrá seguir el ritmo. Escuche lo que se dice y anote los puntos clave con sus propias palabras. Intente escribir una explicación concisa de cada punto y use encabezamientos y números para estructurar sus notas.

24 Subraye los libros y haga resúmenes y notas después.

ESCRITURA RÁPIDA

Hay cursos para aprender taquigrafía y escritura rápida, pero también puede aprenderla por sí mismo, duplicando su velocidad de escritura. En general, elimine todas las vocales salvo que encabecen una palabra, escriba las cifras en números y utilice abreviaturas normales como el signo & por «con». Use abreviaturas especiales para palabras habituales o partes de palabras, como ee (eso), aq (aquello), e (eso y aquello), r (raro), s (es), m (muy), d (de), i (iendo) y a (ado).

La palabra es obvia gracias al contexto: «notas», no «natas»

De l msm mnr en q el escrtr rpd aclr la vlcdad en la q se escrib nts & una plm o un lpz, s psbl amntr la vlcdd en la q se tm nts usnd un prcdr de txts o una mqn de escrbr, si prfr escrb así.

Las palabras cortas como «en» se pueden escribir completas

Cnd se escrb con escrtr rpd, la frm de las plbrs no se ve afctd por las vcls, y dspndr de un sistm prtclr ampl.

Sigue siendo fácil reconocer palabras aunque falten las vocales

Es psbl q incls cnd est cpctd pr el escrtr rpd, tn sntd dltrr plbrs inusuales o dfcls al cmplt. Adms, si algns de sus plbrs escrts & escrtr rpd pdrn cnfndrs x 1 o 2 otrs plbrs, e un bn id de escrbrls al cmplt.

Las palabras difíciles de abreviar o de descifrar se escriben completas

TOMAR NOTAS CON LA ▶ ESCRITURA RÁPIDA
Ordene sus notas en párrafos cortos. Después léalas rápidamente para comprobar que las comprende.

USAR MAPAS MENTALES

Los mapas mentales, que fueron ideados por Tony Buzan, son una manera de tomar notas visuales. Para hacer un mapa mental, apunte una palabra o frase clave o dibuje una imagen en el centro de una página. Éste será el tema del mapa mental. A medida que toma notas, genere «ramas» a partir de este punto central. Cada rama puede tener ramas secundarias (una idea que conduce a otra), y puede haber vínculos entre las diferentes ramas. Utilice el color y la imagen para ilustrar puntos y para que el mapa mental sea más fácil de recordar.

25 Use ilustraciones para convertir el mapa mental en una obra de arte.

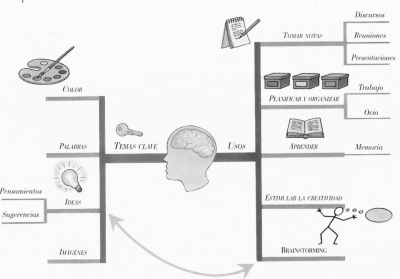

CREAR UN MAPA MENTAL ▲

Coloque el tema en el centro de la página. A medida que se le ocurran ideas, escriba palabras en las ramas o líneas que salen en forma radial. Varíe el tamaño de las palabras y use muchos colores e imágenes, ya que ambos ayudan a recordar. Vincule las ideas relacionadas con flechas.

26 Destaque notas clave con rotuladores.

Intercambiar Información

Las comunicaciones cara a cara, telefónicas o escritas pueden ir desde una guerra abierta a un acuerdo perfecto. En cada caso, elija el método de comunicación adecuado.

El inicio

No es posible asegurar un final satisfactorio de un encuentro, pero siempre es posible empezarlo bien. Sus palabras y su actitud afectan a las reacciones de los demás de manera significativa, de modo que sea cordial para que la reunión se inicie de una manera positiva.

27 Póngase de pie para saludar o despedir: quedarse sentado es una grosería.

PUNTOS QUE RECORDAR

- Los saludos iniciales deben hacerse de la manera más cordial posible.

- Es necesario presentar a todos los asistentes a una reunión al principio.

- Es mejor finalizar una reunión de manera cortés, incluso si ha habido desacuerdos.

- Durante los viajes siempre hay que respetar las diferencias culturales.

SALUDAR

Las palabras utilizadas para saludar a las personas que conoce dependerán de la relación. Si es de igualdad, lo más probable es que emplee el nombre y un saludo informal, como decir «Buenos días», «¿Cómo estás» o «Me alegro de verte». En el caso de extraños, el saludo también funciona como una presentación; diga su nombre («Soy María López») y siga con una expresión de cortesía: («Me alegro de conocerle»). Esto es un inicio amistoso. Incluso si existe la posibilidad de que haya hostilidades, un inicio verbal cortés es de sabios.

EL CONTACTO CORPORAL

Si saluda a alguien que conoce, puede saludar con un apretón de manos o no hacerlo, aunque es más probable que lo haga en una situación formal. En la mayoría de las situaciones, debe saludar a los extraños con la mano tendida y darles un firme apretón. Evite dar un apretón flojo: puede dar una sensación de debilidad. Tenga en cuenta las reglas culturales que afectan a los saludos entre los sexos. Por ejemplo, puede ser incorrecto que los hombres y las mujeres entren en contacto físico. También cuide su postura: póngase de pie al recibir invitados y manténgase erguido.

DIFERENCIAS CULTURALES

El saludo entre españoles, franceses, italianos y latinoamericanos puede ser un abrazo. Por el contrario, los japoneses suelen inclinarse desde cierta distancia, quizá dándose un apretón de manos cuando se conocen mejor. Ellos y los chinos siempre acompañan el saludo con una tarjeta de visita.

CONCLUIR REUNIONES

Cuando se ha alcanzado un acuerdo o una reunión productiva está terminando, no se olvide de destacar el éxito con su lenguaje corporal. Si es el anfitrión, recuerde agradecer a la otra parte o partes sus aportaciones y acompáñelos no sólo hasta la puerta de la sala sino hasta la del edificio. Puede saludarlos con un apretón de manos, que será más cordial y prolongado que durante el saludo inicial. En otras palabras, trátelos como si fueran sus invitados. La misma analogía se aplica a los asistentes a la reunión; si están en su terreno, deben comportarse con cortesía. Si la reunión fue difícil, permanezca cortés y educado, pero sin restarle importancia al fracaso.

Vuélvase hacia la otra persona y mírela a los ojos

Salude con ambas manos para demostrar más cordialidad que con un apretón de manos

Póngase de pie al despedirse

◄ DESPEDIRSE CON CORDIALIDAD

Es probable que despedirse sea una experiencia más cordial que saludar, sobre todo si el encuentro ha sido productivo. En algunos países es más probable que exista un contacto corporal, como coger el brazo del otro con una mano al despedirse.

TRANSMITIR INFORMACIÓN

Los directivos dedican mucho tiempo a transmitir y recibir mensajes en persona. Ésta puede ser el área más crítica –y satisfactoria– de la comunicación. Para que el asunto quede claro y progrese, tanto la sinceridad como las reacciones resultan esenciales.

28 Al reaccionar de manera positiva, debe explicar los motivos de su alabanza.

ENCONTRAR INFORMACIÓN

29 Informe al personal de los esfuerzos que hace para transmitir información.

La necesidad de la plantilla de obtener información y la capacidad de los superiores para proporcionar todo tipo de información de manera correcta son aspectos esenciales en cualquier empresa. Empiece por averiguar las áreas acerca de las cuales hay una mayor necesidad de información. La seguridad en el puesto, las condiciones laborales, las recompensas, la situación y los beneficios son importantes, y hay que comunicar cualquier cambio al respecto lo antes y lo más directamente posible.

SER COMPRENDIDO

Es muy fácil transmitir un mensaje que puede ser mal interpretado. Esto puede ocurrir porque usted no tiene claro lo que quiere decir; o porque su lenguaje es confuso aunque sus objetivos sean claros; o porque su lenguaje corporal contradice su mensaje oral. Otro motivo puede ser que se está comunicando con una persona que ha decidido el contenido del mensaje por adelantado, sin escucharle.

30 Si duda acerca de transmitir una información, o no hacerlo, transmítala.

Una manera útil para evitar los malentendidos es ensayar el mensaje ante un crítico objetivo. Otra posibilidad consiste en hacer que los destinatarios repitan el mensaje; entonces podrá corregir cualquier malentendido. Use un lenguaje corporal positivo para subrayar su mensaje oral.

REACCIONES

Las reacciones son una parte esencial de la comunicación, para comprobar que ha comprendido el mensaje del otro y reaccionar ante lo que han dicho y hecho. Puede ser difícil ofrecer reacciones negativas, pero recuerde que no hacerlo supone una mala gestión. Al ofrecer reacciones negativas, aténgase a estas reglas sencillas para evitar cualquier antagonismo:

- Demuestre que comprende exactamente lo que ha salido mal y por qué;
- Idee maneras para perfeccionar una conducta inadecuada;
- Para informar al miembro del personal acerca de lo que piensa y por qué, pregunte en lugar de afirmar;
- El objetivo debe ser expresar las opiniones negativas con sinceridad, pero de un modo positivo;
- Sobre todo aleje las reacciones negativas de lo emocional: no personalice, sea objetivo.

31 No pierda tiempo con quien se niegue a comprenderlo.

▼ ENFRENTAR EL CONFLICTO
No se deje desalentar por el lenguaje corporal negativo de otra persona. Siéntese erguido, mire a los ojos sin hostilidad y transmita su mensaje sin ambigüedades.

Expresión agresiva

Inclinarse hacia delante ayuda a clarificar un punto

Brazos cruzados a la defensiva

Los gestos con las manos abiertas ayudan a subrayar lo importante

---

REACCIONAR CON SINCERIDAD

Es esencial reaccionar con sinceridad ante las afirmaciones o actos de los empleados. Pregunte en lugar de hacer afirmaciones cuando ofrezca una reacción negativa. A continuación hay algunos ejemplos útiles:

« *Me gustó mucho cómo apoyó usted su argumento con datos y estadísticas actualizadas.* »

« *Usted es la persona indicada para este puesto porque...* »

« *¿Estaría de acuerdo con que este informe es muy poco satisfactorio?* »

EL TELÉFONO

*L*os teléfonos son unas herramientas muy útiles para la comunicación porque hacen que las personas distantes –e incluso unos completos extraños– sean inmediatamente accesibles. Use el teléfono para crear oportunidades.

32 Controle con un reloj el tiempo que dedica a las llamadas.

PERFECCIONAR LA TÉCNICA

Muchos dan por sentada su capacidad para hablar por teléfono. Sin embargo, ésta puede perfeccionarse. Los que se dedican a la televenta y usan el teléfono para hacer «llamadas en frío» a personas que desconocen, son expertos.
Los consejos básicos para la televenta incluyen:

33 Use servicios como la «llamada en espera» para aumentar su eficacia.

- Escriba los temas que tocará y en qué orden por adelantado;
- Hable lentamente y siga el ritmo de la otra persona;
- Sea siempre amable y cordial;
- Sonría; una cara sonriente produce una voz cordial e invita a una respuesta positiva.

Sonría; elevará su tono de voz y la volverá cordial y amistosa

Siga un guión para no perder el rumbo

Debe cronometrar el tiempo para no pasarse

◀ **LEER UN GUIÓN PREPARADO**

Al hacer una llamada importante es fácil desviarse del tema. Una manera de evitarlo es hacer una lista de todos los temas para comentar e ir tachándolos. Asimismo, si cree que una conversación puede ser complicada, escriba frases útiles antes de hacerla.

34 Si dice que devolverá una llamada, hágalo.

Dejar mensajes

Si dispone de contestadores y buzones de voz, ocúpese de cualquier mensaje recibido en cuanto pueda y siempre dentro de las veinticuatro horas.

Al dejar un mensaje, empiece diciendo su nombre, número de teléfono y la hora de la llamada. Hable lenta y claramente, o su nombre, su número o ambos pueden perderse. Al dejar un mensaje grabado, sea breve. Si puede especificar la hora de su regreso o con quién hay que hablar en su ausencia, cambie el mensaje en consecuencia.

Puntos que recordar

● Repita el tema principal a menudo y menciónelo en último lugar.

● Los mensajes más largos deben enviarse por fax o correo electrónico; no hay que dejarlos en un buzón de voz ni en un contestador.

● Es más fácil controlar las conversaciones telefónicas que las reuniones, porque la interacción puede ser seria y escueta; aproveche esa ventaja.

35 Finalice los mensajes grabados repitiendo su nombre y número de teléfono.

Televentas

Las televentas son una forma especializada de comunicación. Si tiene un equipo de televentas, asegúrese de que el personal se atenga a las siguientes reglas de oro:

● Trabajar a partir de un guión;

● No hacer pausas o detenerse una vez iniciada la conversación;

● Uso abundante de las palabras «por favor» y «gracias»;

● Poner un espejo sobre el escritorio para ver que se sonríe;

● Uso escaso de la palabra «yo».

Dar con la persona idónea

No podrá comunicarse con eficacia si no logra hablar con la persona correcta. Investigue para encontrar a la persona adecuada a sus necesidades y, entonces, incluso si se trata de un perfecto desconocido (y alguien importante), adopte una actitud de seguridad cuando los llame. Por ejemplo, al hacer la llamada inicial, preséntese diciendo «Soy fulano de tal» (nunca diga «Mi nombre es fulano de tal»). Si la persona en cuestión está «reunida», pregunte cuándo estará libre. Después vuelva a llamar y diga que esperan su llamada.

Cuando haya logrado comunicarse con la persona correcta, nunca cuelgue el auricular antes de haber planteado el tema deseado. Al igual que con cualquier intercambio oral, compruebe que la otra parte haya comprendido su mensaje correctamente.

36 Cambie su mensaje telefónico grabado cuando cambien las circunstancias.

LA TECNOLOGÍA DE LA INFORMACIÓN

Las nuevas tecnologías han aumentado en gran medida las opciones de los comunicadores. El ordenador personal, tanto el de gran tamaño como el portátil, es un excelente centro de mensajes.

37 Pida consejo sobre cómo utilizar mejor la tecnología de la información (TI).

EL FAX

38 Pruebe nuevas formas de aprovechar las posibilidades de Internet.

A pesar de la aparición del correo electrónico, el fax es una forma útil de comunicarse que puede ayudarle a gestionar su tiempo. Por ejemplo, si ha de transmitir información a alguien que malgasta su tiempo por teléfono, el uso del correo electrónico y del fax evitará este problema. El fax es sumamente útil para enviar documentos que requieren una entrega y una respuesta más rápida que por correo.

EL CORREO ELECTRÓNICO

El correo electrónico (e-mail) es rápido, fácil de usar y versátil. Es un excelente medio de comunicación entre empresas. Mantener informado al personal a través del correo electrónico también permite ahorrar papel. Sin embargo, también es posible abusar de él; aténgase a las siguientes reglas:

- Titule los temas de manera significativa;
- Sea lo más breve posible;
- Distinga el correo empresarial del que no lo es;
- Seleccione a los destinatarios de sus mensajes;
- Evite incluir archivos suplementarios si los envía a muchas personas a la vez;
- Nunca use expresiones obscenas ni insultos, y rechace cualquier mensaje racista o sexista.

PUNTOS QUE RECORDAR

- Los faxes pueden ser independientes y alimentados a papel o conectados a un ordenador personal.
- Los directivos que carecen de ordenadores portátiles pueden considerarse infraequipados.
- Internet es el futuro de las comunicaciones.
- Internet es una herramienta de comunicación muy útil ya que es capaz de combinar todos los medios en tiempo real.
- Saber utilizar la tecnología con moderación es básico.

INTERNET

Internet está transformando
la comunicación, al igual que
las redes internas, el «*software*
para grupos», las Intranets y
Extranets (que conecta a los
proveedores con los clientes).
Utilice las páginas de Internet
para presentar información
actualizada acerca de su empresa,
tanto para la clientela como para
los empleados. También ha de
mirar las páginas Web de otras
empresas para obtener
información. Internet es una
herramienta valiosa para todo
tipo de investigación y para
mantener diálogos interactivos.
También sirve para comprar
y vender productos.

▲ APROVECHAR LA TECNOLOGÍA AL MÁXIMO
*La tecnología de la información ofrece a la plantilla un acceso inmediato
a informaciones de todo tipo, desde transacciones económicas hasta
datos científicos, en todo el mundo.*

Envíe sólo mensajes esenciales	Escriba mensajes breves	Evite retrasos al contestar

CONTROLAR EL FLUJO ▲
DE LA INFORMACIÓN
*Para que la comunicación por medios
electrónicos siga siendo rápida y eficaz,
no envíe mensajes irrelevantes. Escriba
sucintamente y conteste los mensajes que
reciba lo antes posible.*

39 Use el «contestador»
del e-mail para
responder enseguida.

ACELERAR LA COMUNICACIÓN

La manera más eficaz de aumentar la velocidad y la
calidad del flujo de comunicación e información es
controlar la cantidad. Cuando envíe un mensaje,
pregúntese si realmente necesita enviarlo; si no fuera
así, no lo envíe. Los mensajes deben ser breves porque
se les dará curso más rápidamente. Compruebe los
informes regulares para ver si es posible abreviar o
eliminar algo; ¿hay alguien que realmente lo notará si
se dejan de hacer ciertas comunicaciones regulares?
Finalmente, no deje las respuestas para más adelante:
contestar inmediatamente es mejor, más rápido y más
eficaz, y mantendrá despejado su escritorio.

REDACTAR CARTAS

Los documentos bien redactados, fáciles de comprender y que no se apartan del tema están escritos por personas que han aclarado sus ideas antes de escribir. Haga que sus cartas sean eficaces pensando antes de escribir y escribiendo siempre lo que piensa.

40 Al escribir una carta o un informe, piense en el destinatario.

41 Delegue en alguien la redacción de respuestas rutinarias.

REDACTAR UNA CARTA PERFECTA

Planifique lo que quiere decir en la carta

Escríbala sin pausas

Vuelva a leerla cuando haya terminado

Corrija la carta recortando sin piedad

Revise la ortografía y la puntuación; después envíela

PARA OBTENER RESULTADOS

Todas las cartas comerciales tienen un objetivo. La primera regla al redactar una carta es que ese objetivo quede perfectamente claro para el destinatario. La segunda consiste en incorporar toda la información que el destinatario necesita. Resístase a la tentación de escribir demasiado: si puede, intente que la carta quepa en una página. Pida a un amigo que lea cualquier carta que aborde situaciones problemáticas.

REDACTAR UN TEXTO CLARO

La clave para redactar cualquier carta comercial con claridad y concisión es hacerlo con palabras sencillas y precisas. Emplee palabras y oraciones breves, y verbos activos en lugar de pasivos. Evite las dobles negativas, la jerga y la terminología arcaica. Redacte de manera natural y no forzada; en otras palabras, redacte como habla, no como cree que debe redactar. No revise hasta haber terminado y después recorte sin temor: recortar siempre aumenta el impacto de una carta.

42 Evite el uso de palabras complicadas o inusuales que pueden causar confusión.

ESTRUCTURAR CARTAS

Al estructurar una carta, aplique los principios del correo directo, que son los siguientes:

- Atraiga la *atención* del destinatario indicando por qué le escribe. Use el humor si fuera adecuado;
- Obtenga el *interés* del destinatario despertando su curiosidad acerca de lo que dice;
- Provoque el *deseo* del destinatario volviendo atractivo su producto o propuesta;
- *Convenza* al destinatario de que su carta es veraz proporcionando referencias o garantías;
- Estimule la *acción* por parte del destinatario explicando lo que espera que haga.

43 Ordene sus ideas, incluso tomando apuntes, antes de empezar a redactar una carta.

◀ **UNA CARTA INCORRECTA**
Esta carta es confusa. No ha sido meditada, contiene faltas de ortografía y de puntuación y es farragosa.

Estimado Señor/Señora

A través de rumores me e enterado que está buscando una empresa capaz de instalar ordenadores nuevos en todos sus departamentos. Creo que es posible contratar mi empresa sin ningún riesgo como una en la que puede depositar toda su confianza.

A pesar de que nuestra experiencia respecto de su empresa es un tanto limitada, alguien que solía trabajar para ustedes me sujirió que somos las personas indicadas para realizar ese trabajo. Me siento muy entusiasta, acerca de la posibilidad de conocerlo salvo que por favor tenga en cuenta que desafortunadamente no podré visitar su despacho los lunes, martes o viernes por las tardes. Esto es porque en

No se ha tomado la molestia de buscar un contacto

El significado es confuso

La ortografía y la redacción son incorrectas

La carta ocupa sólo una página

El autor da detalles irrelevantes

La carta ocupa más de una página

UNA CARTA ▶ CORRECTA
Esta carta es clara, optimista y concisa. El autor se ha esforzado por parecer optimista acerca de una posible relación comercial con la empresa.

Explica el motivo de la carta

Fecha actual

Señora Martín
Empresa de planificación
Calle
Ciudad importante

Estimada señora Martín:

Tras nuestra conversación telefónica de la semana pasada, tengo el placer de adjuntarle un folleto reciente.

Nos ha confirmado que su empresa está interesada en instalar un nuevo software para sus ordenadores, y estoy seguro de poder satisfacer sus exigencias.

Tendré mucho gusto en recibir noticias suyas y reunirme con usted en un futuro próximo.

Atentamente,

Firma

Sabe a quién dirigir la carta

Tiene un enfoque positivo

Sugiere el próximo paso

ADQUIRIR MÁS APTITUDES

Los mejores y más hábiles comunicadores logran hacer comprensibles sus mensajes orales y escritos, tanto a individuos aislados como a públicos más amplios.

INFORMAR CON EFICACIA

Un aspecto fundamental de la comunicación es transmitir a las personas el objetivo, los medios y la extensión de una tarea. Aprenda a informar con eficacia, ya sea a un cliente, colega o proveedor, y sentará las bases para el éxito del proyecto.

44 Conceda autoridad y autonomía a sus empleados.

Mire a los ojos de la otra persona para no perder su atención mientras la informa

▲ DAR INFORMACIÓN
Si proporciona un informe escrito a un colega o cliente, coméntelo para ampliar o aclarar cualquier punto y para comprobar que ha sido comprendido por completo.

ELEGIR UN INFORME
Hay diversos tipos de informes. Pueden referirse a medidas para el futuro, o pueden servir para dar parte de lo ocurrido y los motivos. Si están destinados a un cliente, pueden servir tanto para informar como para presentar un plan de acción que detalle la propuesta. Asegúrese de que la persona a la que informa entiende su mensaje.

45 Evite informar en exceso al personal para que empleen su propia iniciativa.

REDACTAR UN INFORME

Al informar a alguien oralmente, acuerde cuál de los dos hará el seguimiento, confirmándolo por escrito.
Al redactar un documento informativo:

● Ponga el objetivo en primer lugar;
● Estipule los recursos disponibles;
● Fije un plazo;
● Describa el método;
● Si el informe debe generar un documento, indique el destinatario.

Incluso si está delegando tareas sencillas, si es conciso es menos probable que se produzcan errores.

▼ **UN INFORME CLARO**
Un informe escrito ha de ser un texto claro que determine con exactitud qué hay que hacer, cuándo y cómo. Si fuera pertinente, estipule el presupuesto y las fechas de las fases de realización.

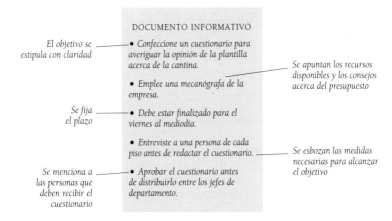

DOCUMENTO INFORMATIVO

El objetivo se estipula con claridad — ● *Confeccione un cuestionario para averiguar la opinión de la plantilla acerca de la cantina.*

Se apuntan los recursos disponibles y los consejos acerca del presupuesto
● *Emplee una mecanógrafa de la empresa.*

Se fija el plazo — ● *Debe estar finalizado para el viernes al mediodía.*

● *Entreviste a una persona de cada piso antes de redactar el cuestionario.* — *Se esbozan las medidas necesarias para alcanzar el objetivo*

Se menciona a las personas que deben recibir el cuestionario — ● *Aprobar el cuestionario antes de distribuirlo entre los jefes de departamento.*

DELEGAR RESPONSABILIDADES

La mayoría de los informes suponen una delegación de responsabilidades. Si usted es el responsable de la finalización de una tarea y opta por designar a otro para que la lleve a cabo, está entregándole poder a esa persona y ha de esbozar las áreas de su responsabilidad en un informe. Debe estipular cuánta información pretende recibir y si dará más instrucciones. Si el proyecto se prolongara, recuerde que ha de incorporar las fechas de las revisiones.

46 Si un informe no hace avanzar un proyecto, presente otro nuevo.

COMUNICACIÓN INDIVIDUAL

Una reunión con un miembro del personal puede ser formal o informal. Utilice las reuniones cara a cara para supervisar y averiguar si existe una necesidad de formación o consejo.

---

47 Pida a todos los que asisten a la reunión que acudan preparados.

COSAS QUE HACER

1. Procure celebrar reuniones individuales con la plantilla al menos una vez al mes.

2. Aténgase a una agenda y asegúrese de acordar cualquier decisión.

3. Recuerde que debe escuchar lo que se dice y no dominar la reunión.

REUNIRSE FORMALMENTE

No hay pautas fijas para los encuentros informales, pero en el caso de una reunión formal e individual, las reglas son las mismas que para cualquier reunión. Aborde el tema con rapidez, aténgase a la agenda, resuma al final y asegúrese de que la otra parte esté de acuerdo con el resumen. En cualquier reunión individual, la comunicación entre el superior y el subordinado tiende a convertirse en una relación de dominación y sumisión. Para que las reuniones sean productivas, escuche a la otra persona, intente que la discusión sea racional y sea cortés. Sin embargo, recuerde que cierto grado de polémica puede ser perfectamente saludable, y también inevitable.

ESTAR PREPARADO

En el caso de las reuniones regulares, la preparación es muy importante para alcanzar un resultado satisfactorio. Algunas empresas celebran reuniones individuales entre superiores y subordinados cada dos semanas para discutir los problemas, definir objetivos y entregar informes de productividad. Para éstas, los superiores distribuyen cuestionarios algunos días antes.

---

48 Recuerde que una «buena reunión» es la que ha producido resultados.

ALENTAR AL PERSONAL

Los buenos directivos deben saber estimular al personal para que su rendimiento sea cada vez más alto y alcance el máximo de su potencial. Como directivo, tome la iniciativa fijando metas, alentando al personal a aumentar sus conocimientos y comentando cualquier defecto o virtud. A medida que su confianza y rendimiento aumente, éstos adoptarán una mayor responsabilidad para perfeccionarse en el trabajo y alcanzar nuevas metas.

49 Escuche a sus empleados. La orientación puede dar soluciones a los que están insatisfechos.

ORIENTAR AL PERSONAL

La orientación puede ser útil para resolver problemas surgidos en el trabajo o en la vida personal. Pero salvo que sea un psicólogo titulado o tenga mucha experiencia, deje que se ocupe un profesional. Si un empleado no está satisfecho con una situación, ofrézcale una entrevista con un psicólogo y sea comprensivo. El psicólogo intentará a ayudar al individuo a llegar hasta la raíz de su problema. Ofrezca todo el apoyo que pueda. Si tomarse unas horas libres puede ser de ayuda, asegúrese de que sea posible.

▼ **PROBAR SOLUCIONES**
Antes de sugerir a un miembro del personal que obtenga una orientación profesional, compruebe que está de acuerdo en que su problema requiere ayuda. Reúnase en territorio neutral, donde no pueda ser interrumpido.

50 Tenga en cuenta los problemas de su plantilla: afectan al rendimiento.

PRESIDIR REUNIONES CON ÉXITO

La mayoría de los directivos considera que dedica demasiado tiempo a las reuniones. Sin embargo, una reunión bien dirigida puede ser una manera productiva de comunicar. Al presidir una reunión, debe mantener el control y evitar que las discusiones suban de tono.

51 Haga circular todos los documentos antes del inicio de la reunión.

PREPARARSE PARA UNA REUNIÓN

52 Si el propósito de la reunión es tomar decisiones, asegúrese de que se toman.

Al preparase para una reunión, debe plantearse las siguiente preguntas clave: ¿Cuál es el objetivo de la reunión? ¿Cómo sabré si tiene éxito? ¿Quién debería asistir? Estas preguntas determinarán si la reunión es necesaria. Toda reunión debe tener un objetivo que ha de haberse alcanzado cuando termine. Si no se toman decisiones finales, al menos debería haber un plan de acción. Las reuniones más eficaces suelen ser poco numerosas y sólo asisten las personas esenciales.

INICIAR UNA REUNIÓN

Después de hacer la presentación, recuerde el objetivo de la reunión a todos los presentes, cuál es el resultado esperado y cuándo acabará. Si existieran directrices, indíquelas de inmediato. Compruebe que todos disponen de los documentos pertinentes y que la agenda esté aprobada. Si hubo una reunión previa, las actas y la agenda requieren aprobación y discusión, pero no discuta nada que ya figure en la agenda. Aborde el primer tema directamente; es mejor recurrir a otro asistente para iniciar la discusión.

53 Si preside la reunión, procure no manipularla en provecho propio.

DIRIGIR UNA REUNIÓN

Busque un equilibrio entre hacer avanzar la discusión con rapidez y asegurarse de que todos aquellos que quieren hablar tengan la oportunidad de manifestar su opinión. Debatir un tema hasta tomar una decisión puede llevar mucho tiempo y provocar tensión. Para evitarlo, actúe como cronometrador (asegúrese de disponer de un reloj). Fije límites temporales para las discusiones y podrá acabar la reunión en el momento adecuado.

54 Cuando sea adecuado, use el humor para obtener un consenso.

CONCLUIR UNA REUNIÓN

Dése el tiempo necesario para poner fin a una reunión. Resuma la discusión y compruebe que los otros están de acuerdo; tome decisiones acerca de los asuntos no resueltos (que pueden incluir la designación de alguien para ocuparse de ellos) y, finalmente, revise la puesta en práctica de cualquier decisión tomada, es decir, las medidas resultantes de la reunión. Asigne cada medida a una persona y adjunte un plazo para su finalización.

55 Asegúrese de atenerse al tiempo estipulado para cada tema de la agenda.

COMUNICARSE POR PANTALLA

Las videoconferencias no son un sustituto de las reuniones cara a cara, pero pueden ser un complemento útil. Pueden ser mucho más eficaces que una conferencia telefónica porque a los participantes les agrada (y a veces necesitan) ver lo que está ocurriendo.

◀ VIDEOCONFERENCIAS
Las videoconferencias, en las que todos los asistentes pueden observar el lenguaje corporal y las expresiones de los demás mientras hablan, es una manera útil de celebrar una reunión: ahorra el tiempo dedicado a desplazarse y reduce costes.

CONECTAR CON EL PÚBLICO

Merece la pena tomarse la molestia de preparar y hacer discursos, ya sea para presentaciones, seminarios, conferencias o sesiones de formación. Para el público es más fácil asimilar información visual que auditiva; utilice, si es posible, técnicas audiovisuales (AV).

56 Es preferible ser breve que prolijo al pronunciar un discurso.

PREPARAR DISCURSOS

Reserve el tiempo suficiente para redactar y ensayar su discurso. Si redacta el texto completo para un discurso de treinta minutos de duración, necesitará unas 4.800 palabras y redactarlo le llevará muchas horas. Es obvio que las notas son un sistema más rápido. Planifique los treinta minutos utilizando temas relacionados. Resuma cada tema y después añada material para cada uno de ellos en forma de notas. Si emplea técnicas AV, asigne unos tres minutos para cada tema.

57 Disponga de apoyos complementarios por si fallan las técnicas AV.

PLANTEAR EL TEMA

La repetición es un error habitual al escribir. Cualquier discurso es una representación. Si va a usar notas, que sean breves. Una única palabra debe permitirle recordar varias ideas complejas. Consulte las notas, pero no las lea directamente. La memoria auditiva es insuficiente: el discurso debe ser lo más accesible que sea posible.
El lenguaje debe ser claro, las oraciones cortas y el hablar fluido, con una transición lógica entre los puntos. El último tema planteado debe estar relacionado con el primero.

58 Haga preguntas al público si éste no se anima a preguntar.

▼ COMUNICARSE
Los tres pasos esenciales para comunicar el mensaje consisten en decirle al público lo que dirá, decirlo y después repetirlo.

| Presentar el mensaje | → | Transmitir el mensaje | → | Repetir el mensaje |

59 Hable durante un máximo de 20-45 minutos, ésta es la duración promedio de la atención.

ALENTAR REACCIONES

Si puede, hable sin hacer uso de las notas y desplácese por el escenario con seguridad. Esto elimina la barrera psicológica que supone un podio. Al hablar, diríjase al centro del público, aproximadamente a una zona situada a dos tercios del fondo. Las personas que lo escuchan tenderán a ser cordiales; aproveche su apoyo para sentir confianza. Mire a los ojos y aliente al público a participar; un buen sistema consiste en plantear preguntas, ya sea en general o individualmente. También puede romper el hielo haciéndoles reír.

ELEMENTOS VISUALES

Es probable que los medios visuales más comunes sean el proyector de diapositivas de 35 mm y el retroproyector. Con públicos más reducidos, resultan eficaces los bloques de notas grandes y las pizarras. Los medios AV más útiles emplean color e imágenes, incluso en movimiento. La tecnología los ha convertido en algo sencillo, rápido y barato. Independientemente del medio que use, asegúrese de que su funcionamiento no tenga fallos y que el material visual sea el mejor posible. Si fuera adecuado, apoye el discurso repartiendo copias de las notas y del material visual entre el público.

Compruebe que el material del retroproyector está preparado y ordenado

▼ **PRESENTAR CON ÉXITO**
Su lenguaje corporal ha de ser positivo. Use gestos para reforzar los puntos, pero no exagere. Si puede hablar con fluidez y seguridad sin hacer uso de notas, no las utilice.

Hable con claridad y no demasiado rápido

Mantenga una expresión positiva

Subraye sus palabras gesticulando con las manos abiertas

Mantenga una postura erguida y mire al público

Use un puntero para ilustrar lo que dice

FORMARSE

Dirigir una sesión de formación para el personal
es una forma esencial de comunicación. Hable con
seguridad, mire a los ojos y aliente las preguntas. Los
cursos de formación suelen ser más eficaces cuando
son intensivos y se celebran durante algunos días
fuera de la oficina. Al hablar con el personal en
grupos de discusión informales o en conversaciones
fuera de las sesiones de formación también podrá
obtener reacciones útiles acerca de aspectos de la
empresa. Las reacciones relacionadas con la formación
son esenciales para comprobar que ésta vale la pena.

60 Si es posible, invite a un orador famoso a un seminario o una conferencia.

CELEBRAR UN SEMINARIO

61 Compruebe regularmente que el personal recibe la formación necesaria.

Los seminarios proporcionan formación en áreas
importantes. Son formas de trabajar prácticas,
informales y centradas en metas concretas. Si celebra
un seminario interno, sólo debe invitar al personal
pertinente; suele ser útil que asistan los directivos
superiores. Los seminarios externos sirven para
presentar cambios ante los clientes y proveedores,
o para buscar una oportunidad de ventas. Invite a
los directivos superiores a que aporten un discurso
de presentación o de conclusión, o una disertación
no relacionada con las ventas.

HABLAR EN UN SEMINARIO

Si usted habla en un seminario interno o externo,
pregunte al organizador qué temas tocarán los
demás oradores para asegurarse de que no haya
repeticiones. Averigüe durante cuánto tiempo
debe hablar usted y si habrá un turno de preguntas
y respuestas. Si habla sin micrófono, asegúrese
de que el público de las últimas filas lo oye
(pregúnteles, si fuera necesario). No hable con
excesiva rapidez y tenga un reloj a la vista para
asegurarse de hablar sólo durante el tiempo
asignado.

62 Pregunte a otros directivos si les gustaría hablar durante un cursillo.

PLANIFICAR UNA CONFERENCIA

Las conferencias son más formales que los seminarios. Al igual que las reuniones, todas las conferencias deben tener objetivos. Éstos serán la base de cualquier agenda y proporcionarán un trampolín para entablar discusiones. Las conferencias de ventas internas en particular suelen ser muy motivadoras. Al igual que todas las conferencias, requieren un local de primera categoría, presentadores profesionales, equipos y elementos audiovisuales excelentes y una planificación cuidadosa. Debe decidir quién hablará con mucha anticipación. Si puede concertar la presencia de un orador invitado para animar el acto, ayudará a mantener el interés del público. Asegúrese de que todos los oradores sepan cuándo han de hablar y durante cuánto tiempo.

PUNTOS QUE RECORDAR

- Cuanta más planificación y reflexión dedique a una conferencia o seminario, mayores serán los logros.

- Cualquier mensaje se verá reforzado si está acompañado por una buena tecnología audiovisual.

- El personal asistente a seminarios y conferencias debe recibir el mismo trato que los proveedores.

- Es posible contratar a oradores profesionales o miembros del mundo del espectáculo o de los deportes.

- Hay que hacer un seguimiento de las conferencias y seminarios, o su utilidad puede ser escasa.

63 Si debe seleccionar un local nuevo para la empresa, busque consejo.

ELEGIR UN LOCAL

El local forma parte del mensaje y es muy significativo para los que asisten. Al decidir dónde celebrar una conferencia o un seminario, reflexione cuidadosamente acerca de los requisitos y elija un local adecuado para la magnitud y el tipo de acto. En el caso de una conferencia con mucho público, es necesario un espacio que aloje a todos. Sin embargo, para un seminario sólo será necesaria una habitación de tamaño medio, además de algunas más pequeñas en las que los que están haciendo prácticas puedan trabajar en equipo. Antes de reservar un local, compruebe que todo lo necesario esté disponible, como equipos electrónicos y otros (como micrófonos y proyectores), asientos cómodos para todos los asistentes y un servicio de bufé.

QUÉ HACER Y QUÉ EVITAR

✔ Compruebe que los asistentes sepan cómo llegar al local y dispongan de medios de transporte.

✔ Planifique un programa que incluya refrigerios y descansos.

✔ Prepárese para cambiar la agenda en caso de que el acto sobrepase el tiempo asignado.

✘ No espere que las personas hagan discursos improvisados durante el acto.

✘ No invite a nadie cuya presencia no sea esencial.

✘ No olvide obtener reacciones para comprobar el éxito de un acto semejante.

COMUNICAR PARA VENDER

Vender es esencial para las empresas y no sólo consiste en convencer a clientes externos para que compren. Es posible usar técnicas de ventas para cualquier situación comercial a fin de obtener el acuerdo de otros, conseguir apoyo y recursos, y superar cualquier oposición.

64 Si quiere hacer una «venta indirecta», plantee el tema en forma de pregunta.

Sonrisa no amenazadora

Gesto con las manos abiertas

VENTA INDIRECTA

Todas las buenas ventas son «indirectas»: se intenta establecer una necesidad y se promete satisfacerla. Puede emplear este enfoque y adaptar sus argumentos de venta a la situación. Estas técnicas incluyen:
● Explorar una situación planteando preguntas y escuchando, en lugar de hacer afirmaciones;
● Dejar que los otros contesten aunque haya pausas;
● Demostrar comprensión si encuentra resistencia, pero perseverando hasta que el otro acepte su punto de vista.

◀ USAR TÉCNICAS DE VENTA INDIRECTA
Sonreír y gesticular con las manos abiertas son técnicas de venta indirecta. Ambas son cordiales, persuasivas y no amenazadoras. El gesto con la mano hace hincapié en los argumentos.

VENTAS DIRECTAS

El antiguo sistema de ventas consistía en poner al otro en un apuro y obligarlo a tomar una decisión. Si intenta poner en práctica una idea en el trabajo, sea positivo y emplee la venta directa cuando esté próximo a cerrar un trato. Las técnicas de venta directa incluyen:
● Hacer una oferta «final»;
● Destacar la pérdida de oportunidades;
● Realizar la ventaja competitiva;
● Hacer una propuesta dura y clara;
● Forzar un acuerdo inmediato.

65 Escuche las objeciones de los clientes en potencia: pueden ayudarle a realizar la venta.

VENDER POR ESCRITO

El empleo de documentos escritos para vender, ya sea intentando vender un producto por correo o «venderle» una propuesta a un colega, supone unas reglas aparentemente paradójicas. Por ejemplo, en la comercialización directa a extraños, las cartas largas tienen un mayor efecto que las breves. Sin embargo, al enviar notas internas, las más breves tienen una mayor eficacia. Sean largos o breves, explique al principio del documento por qué lo envía. Obtenga el interés del lector, no se aparte del tema, sea convincente y acabe con un resumen conciso, claro y positivo.

66 Que un colega lea sus cartas comerciales para asegurarse de que son claras.

ORDENADORES

El ordenador personal se ha convertido en una importante ayuda para la venta. Podrá archivar los nombres y las direcciones de los posibles clientes en una base de datos e incluso recuperar archivos mientras habla con ellos por teléfono. Disponer de los datos en la pantalla puede hacerle más eficaz y ayudarle a cerrar un trato. Los ordenadores son especialmente útiles para vender servicios financieros: cuando se introducen los detalles de las finanzas de un comprador, muchos programas generan propuestas personalizadas.

67 Enfoque cualquier venta como un ejercicio entre usted y el comprador.

VENDER IDEAS Y CONCEPTOS

Las técnicas de venta básicas son aplicables a muchas tareas de gestión. Dominar el «discurso» puede ser esencial para alcanzar el éxito dentro de su empresa. La próxima vez que intente vender una idea, pruebe con algunas de las frases de venta indirecta y directa que figuran abajo:

《 He desarrollado esto a partir de algo que usted me dijo el otro día. 》

《 No disponemos de mucho tiempo para considerar la última propuesta: es ahora o nunca. 》

《 Esto es lo que hemos estado buscando. Si no lo aplicamos, lo hará alguno de la competencia. 》

《 Nadie más puede hacerlo tan bien como nosotros. 》

NEGOCIAR PARA GANAR

Toda negociación requiere unas aptitudes negociadoras de primera categoría. Hay que ser capaz de presentar propuestas con claridad y de comprender exactamente qué ofrece la otra parte. Tales aptitudes resultan vitales para cualquier gestión; intente perfeccionarlas.

68 Escoja miembros con diferentes personalidades para su equipo negociador.

ETAPAS DE UNA NEGOCIACIÓN

Planifique la estrategia y la táctica

Presente su propuesta

Exponga su posición y empiece a debatir

Negocie con la otra parte

Resuma y ratifique el acuerdo

PREPARARSE

Cuanto mejor preparada esté una negociación, tanto mayores serán las posibilidades de que tenga éxito. Empiece por fijar sus objetivos. Después decida quién dirigirá la negociación. ¿Será una persona o un equipo? Si fuera un equipo, ¿quién lo formará? Asegúrese de que el equipo investigue los temas y las posiciones a fondo. La investigación ayudará a determinar la agenda acordada con la otra parte. El equipo ha de realizar al menos una sesión de ensayo. Finalmente, determine lo mínimo aceptable.

DOMINAR LAS TÉCNICAS

Los negociadores expertos suelen basar su enfoque en las necesidades de la otra parte. Al iniciar una negociación «trabajando para satisfacer las necesidades de la otra parte», tendrá el máximo de control con un mínimo de riesgo. Hacer las cosas en el momento oportuno es esencial. Durante la fase de debate y negociación, es necesario juzgar qué piensa la otra parte y elegir el momento para modificar la oferta o rechazar una propuesta. Siempre hay que intentar que la oposición pase a ser un aliado, no un adversario. Hacer preguntas que sugieran una respuesta concreta, como «¿Está listo para firmar?» es una manera de suavizar la postura y al mismo tiempo llamar la atención, obtener y ofrecer información, y estimular la reflexión.

NEGOCIAR PARA COMPRAR

Al negociar para comprar, hay dos cosas esenciales.
Primero hay que decidir exactamente qué se necesita
(no qué se desea). Recuerde que la tarea del vendedor
consiste en convencerle de que las necesidades del
comprador y lo que él ofrece coinciden. En segundo
lugar, hay que decidir cuánto se está dispuesto a
pagar. Hay que fijar un límite y no excederlo. En ese
tipo de negociación, el primero que menciona un
precio está en desventaja; intente convencer a la otra
parte para que sea la primera en hacer una oferta.

69 Reflexione
acerca del resultado
ideal y de cómo lo
puede alcanzar.

TRABAJAR CON PROVEEDORES

La manera tradicional de negociar con los
proveedores es obtener varios precios de más de un
proveedor, examinarlos, regatear, pedir rebajas
sustanciales, aumentar un poco la oferta y conformarse
con el precio más bajo posible. Si el proveedor falla en
cuanto a la calidad o la entrega, se vuelve a negociar.

Un enfoque más nuevo y mejor consiste en elegir a
los mejores proveedores y negociar de una manera que
permita rebajar los costes y compartir los beneficios.
Con este enfoque, en lugar de convertir el precio en
un único tema, primero se negocia la fiabilidad y otros
temas no relacionados con el precio antes de discutir
el precio real.

70 Comparta
información con los
proveedores, a la
larga le puede
ayudar a obtener
un mejor acuerdo.

NEGOCIAR CON EL PERSONAL

Las reuniones individuales pueden ser útiles para
negociar con el personal acerca de temas como la
calidad del trabajo y la productividad. Al cerrar un
acuerdo, recuerde que es ventajoso que la otra parte
considere que ha ganado alguna cosa, incluso si no
lo ha hecho. Si alguna vez tiene que enfrentarse
a negociadores profesionales hostiles, y si las
exigencias exceden su máximo previsto, mantenga
la calma y concéntrese en obtener un resultado
que no sobrepase sus límites.

71 Las personas
no suelen ir a la
huelga si no es por
problemas de salario.

ELABORAR INFORMES

Los informes son documentos que serán leídos por otros. Deben ser precisos y deben estar bien diseñados, y han de acabar con una conclusión clara. Si le han pedido que redacte un informe, asegúrese de que cumple con todos los requisitos del informe original.

72 Sea implacable: elimine las palabras innecesarias del informe.

INVESTIGACIÓN

73 Redacte los informes adecuándolos a los destinatarios.

Si está informando acerca de una actividad propia, compruebe cada dato. Si le han pedido que haga un informe sobre un tema, por ejemplo un nuevo mercado para un producto, apunte lo que necesita saber. Después anote las fuentes a las que puede recurrir. Antes de terminar, confirme la información obtenida recurriendo a una autoridad de confianza.

QUÉ HACER Y QUÉ EVITAR

✔ Todo informe debe ser interesante.

✔ Utilice citas textuales de los entrevistados.

✔ Realce las conclusiones y los datos más importantes.

✔ Numere los párrafos para que la lectura sea más fácil y para mantener separados los temas.

✔ Titule los cambios de tema y subtitule los temas relacionados.

✘ No meta paja y no escriba párrafos demasiado largos.

✘ No haga un uso exagerado de la primera persona del singular (yo) ni permita que afloren sus prejuicios.

✘ No se vaya por las ramas.

✘ No saque conclusiones de indicios insuficientes.

✘ No imprima el informe sin comprobar a fondo las fuentes.

ESTRUCTURAR UN INFORME

Escriba el propósito del informe y resuma sus conclusiones principales en los párrafos iniciales. Dentro del informe, apoye sus conclusiones con datos apuntados en una secuencia lógica y en párrafos numerados. Emplee títulos, subtítulos y frases en negrita a fin de estructurar el informe con eficacia y resaltar los datos clave. Acabe el informe con un resumen de recomendaciones.

ASEGURAR LA CLARIDAD

Los informes no son obras literarias, pero los buenos se atienen a las reglas de la buena literatura. Evite las ambigüedades. Si no estuviera seguro respecto de sus conclusiones, manifieste las alternativas y deje que los lectores decidan por sí mismos. Exprésese en oraciones breves. Sobre todo, póngase en la piel del lector. ¿Comprenderá lo que quiere decir? Si puede, pida a un amigo o colega que lea el informe antes de distribuirlo.

> **74** Aproveche las oportunidades para presentar su informe en público.

SER CONCISO

Si es conciso, reforzará la claridad de su informe. Nunca use dos palabras si una es suficiente, o tres cuando dos lo son. Use palabras cortas. Dedique tiempo a la conclusión principal del informe y haga resúmenes al principio de cada apartado. Al releer el informe, corte lo que pueda. Esto mejorará la claridad del texto.

> **75** No haga afirmaciones ni saque conclusiones sin pruebas que las corroboren.

PRESENTAR UN INFORME

Si presentara el informe de manera oral, pregúntese qué tiene más importancia: ¿desgranar datos o el impacto? Si presenta un caso en una reunión, distribuya su informe en ese momento y, si es posible, haga un resumen usando elementos AV. Cuando su posición sea más neutral, quizá en el caso de presentar un estudio de factibilidad, haga circular el informe por anticipado. Después asegúrese de asistir a la reunión adecuadamente preparado para contestar a las probables preguntas y objeciones.

▲ **PRESENTACIÓN CON ELEMENTOS AV**
Si presenta sus conclusiones empleando unos buenos elementos AV y un buen discurso, el impacto de un informe distribuido durante la reunión aumentará. Los mensajes visuales venden mejor un informe.

REDACTAR PROPUESTAS

*U*na propuesta difiere de un informe en el sentido de que es un documento que debería persuadir a los lectores a comprometerse con lo que usted propone. Podría utilizar una propuesta interna como argumento para que la empresa invierta más en ordenadores o personal.

76 Reclute aliados para preparar su propuesta y presionar para que la acepten.

ESTRUCTURAR UNA PROPUESTA

Redacte la propuesta

Explique por qué es necesaria y qué aporta

Calcule los recursos necesarios y muestre cómo la propuesta cumple con los criterios económicos

Especifique quién será el responsable y los plazos de ejecución

Finalice con un plan de acción

INVESTIGACIÓN

Para tener éxito, un proyecto debe ser coherente con los objetivos globales de una empresa. Antes de redactar una propuesta, investigue si encaja con el programa general de la empresa. Al planificar la investigación:

● Averigüe si la propuesta encaja con la estrategia de la empresa y si existe alguna actividad conflictiva relacionada con ella que se está poniendo en práctica o se planea para el futuro;

● Averigüe qué aspectos (como la economía, los recursos humanos y la normativa legal) hay que tener en cuenta y las posibles repercusiones que pueden tener para la empresa;

● Pregunte a los que están en posición de tomar decisiones qué objetivos desean alcanzar en cuanto a resultados a corto, medio y largo plazo;

● Reúna toda la información necesaria para apoyar la propuesta, como preparación para pasar a la fase siguiente: la planificación.

77 Pregúntese con sinceridad por qué una propuesta puede fracasar y otra tener éxito.

PLANIFICAR UNA PROPUESTA

Estructure una propuesta ateniéndose al mismo formato básico de un informe. Resuma la propuesta al principio; use títulos a medida que desarrolla sus argumentos y después repita los puntos principales en la conclusión final. Su enfoque ha de ser positivo: su entusiasmo debe convencer a los demás de su capacidad para cumplir con el resultado propuesto. Si supusiera algún riesgo, explique que ya ha tenido en cuenta los inconvenientes potenciales y concéntrese en los beneficios.

78 Emplee técnicas de venta indirecta para que acepten su propuesta.

PREGUNTAS QUE PLANTEARSE

P ¿Cuánto costará la propuesta y a quién afecta?

P ¿Cuáles serán los beneficios (económicos, de calidad, etc.) si la propuesta es aceptada?

P ¿Cómo se pondrá en práctica la propuesta?

P ¿Cuál es en este momento la propuesta?

P ¿Por qué cree que el plan propuesto tendrá éxito?

EL SEGUIMIENTO

Al distribuir una propuesta, asegúrese de que los destinatarios sepan cuándo y cómo piensa hacer el seguimiento, o si espera una respuesta por escrito. Independientemente de si se trata de una propuesta para sus colegas de la empresa o para un proveedor o cliente externo, es útil hacer el seguimiento durante una reunión. Dentro de lo posible, preséntela en la reunión empleando elementos AV, ya que cuanto más impacto visual tenga, tanto mayores serán sus posibilidades de éxito. Sin embargo, debe recordar que al margen de lo sólida que sea la presentación, no servirá para vender una propuesta endeble.

REDACTAR UN PLAN EMPRESARIAL EFICAZ

Si requiere financiación para montar un negocio, la entidad crediticia querrá ver un plan empresarial. Redacte este documento con una propuesta clara, comentarios y conclusión. Apoye su propuesta con datos y cifras detalladas de un período pertinente (que suele ser de al menos tres años). El plan debe demostrar que usted conoce bien los temas económicos, que ha tenido en cuenta todos los factores, que ha contado con los mejores y peores supuestos, y que hay grandes posibilidades de obtener ganancias si el plan se pone en práctica.

REDACTAR PLANES
Su plan empresarial debe tener aspecto profesional. Incluya el título y las páginas del contenido, y encuadérnelo con tapas adecuadas.

CREAR UN IMPACTO VISUAL

Hasta el informe o la propuesta más prometedora pueden malograrse debido a un diseño, unos gráficos o una tipografía errónea. Asimismo, un documento bien diseñado supone un impacto mayor. Si puede, emplee profesionales.

79 Redacte títulos y pies de foto con gancho: es lo que se lee primero.

EVALUAR LAS NECESIDADES

Independientemente del documento, intente que tenga un buen diseño, pero modifique el enfoque para adaptarlo a los requisitos. Por ejemplo, el diseño de los documentos de ventas externos debe complementar la imagen de su empresa y «anunciarla», haciendo un uso correcto del logotipo y dando una imagen de elevada calidad. Los documentos internos no están tan sujetos a estas normas. Salvo que tenga formación de diseñador, puede que deba contratar a un profesional para que sus documentos tengan un mayor impacto visual. Opte por alguien con experiencia.

80 Cuando sea posible, use imágenes en color, gráficos y diagramas.

EMPLEAR A UN DISEÑADOR

Si opta por contratar a un diseñador profesional, ¿cómo hará para encontrar a alguno cuyo trabajo encaje con el estilo buscado? Debe examinar la carpeta de trabajos del diseñador, ya que sus trabajos previos son un buen indicador de lo que puede hacer. Debe proporcionar un informe claro al diseñador. Explíquele a fondo qué quiere que diseñe, pida borradores si fuera pertinente y manifieste las fechas y los plazos para cualquier fase de revisión. No tema rechazar los trabajos preliminares y proporcione más información para asegurarse de que al final obtendrá lo que desea. No debe basar su juicio en el hecho de que el diseño le guste o no, sino en que cumpla con los objetivos empresariales.

81 Controle el trabajo de diseño a medida que avanza para prevenir errores o modificarlo a tiempo.

LOGRAR CLARIDAD

Una de las decisiones más importantes relacionadas
con el diseño es la elección de la fuente (tipo de letra).
Los modernos programas informáticos ofrecen una
gama amplísima, pero la fuente principal debe ser clara
y muy legible. Si el presupuesto le permite usar el color,
aprovéchelo. Evite imprimir palabras sobre colores
o ilustraciones, ya que puede afectar a la legibilidad.
Los caracteres blancos sobre fondo negro también son
difíciles de leer. Evite los recursos efectistas; el diseño
debe ser sencillo y adecuado a su objetivo.

El diseño de los tipos es poco profesional *El papel de color es erróneo*

Las imágenes son completamente irrelevantes *El título está excesivamente destacado*

▲ **MODELO INCORRECTO**
*Este documento tiene un aspecto desordenado: hace un
uso excesivo de diferentes tipos de letra, el espaciado es
irregular y las ilustraciones son innecesarias. Su
aspecto sugiere que fue redactado con prisa.*

La impresión alineada es fácil de leer *El objetivo aparece en una negrita clara*

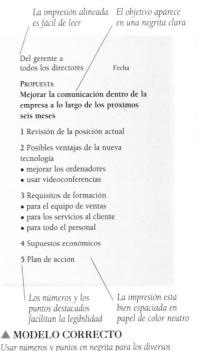

Los números y los puntos destacados facilitan la legibilidad *La impresión está bien espaciada en papel de color neutro*

▲ **MODELO CORRECTO**
*Usar números y puntos en negrita para los diversos
temas, el alineado de la impresión y el espaciado
coherente dan un aspecto profesional a la primera
página de esta propuesta. Transmite un mensaje positivo.*

COMUNICAR PARA OBTENER RESULTADOS

En la actualidad, los directivos se enfrentan al desafío de saber cómo aprovechar los diferentes tipos de medios y usarlos para influir en el público con la mayor eficacia posible.

CREAR UNA IMAGEN

Una imagen de empresa es lo que permite que el público identifique una empresa fácilmente y ayuda a establecer su posición en el mercado. Si el presupuesto lo permite, contrate a un diseñador o un asesor para crear una identidad.

82 Consulte a personas ajenas de confianza antes de aprobar un logotipo nuevo.

83 Los comunicados deben ser breves y estar orientados hacia la acción.

CONSIDERAR LA IMAGEN

El tipo elegido de imagen de empresa influirá en la percepción que el público tenga de la empresa. Una imagen correcta tendrá una influencia positiva sobre el público y viceversa. Idealmente, una imagen de empresa debe producir un impacto visual, con un logo llamativo o el uso de colores, ya que se trata de un elemento clave para una comunicación eficaz. Antes de proporcionar cualquier informe para el diseño de una nueva imagen de empresa, decida qué imagen desea transmitir y compruebe que dispone del apoyo y el acuerdo de sus colegas.

CAMBIAR UNA IMAGEN

Todas las empresas tienen una imagen o marca, pero muchas la dejan al azar. Sin embargo, si lo hace estará desaprovechando una poderosa herramienta de marketing. Para crear una imagen empresarial eficaz, debe decidirse por un objetivo y una estrategia principales, además de la imagen que desea transmitir. Compare esa imagen deseada con las imágenes actuales y tome medidas para que no haya diferencias.

84 Examine las páginas de Internet para comprobar lo que hacen los demás.

USAR UNA IMAGEN

Decidida la identidad, la meta debe ser utilizar cada elemento de diseño (informes de la empresa, membretes, interiores y logotipos) para transmitir un mensaje coherente. Puede imprimir una identidad en los documentos internos, como las notas, para realzar la imagen de la empresa. La imagen debe concordar en todos los medios de comunicación utilizados. Controle el modo en que la imagen es empleada. Puede que algunas veces tenga que revisar este uso para asegurarse de que la publicidad se adapta a sus necesidades estratégicas.

▼ LOGOTIPOS EN PRODUCTOS
El logotipo característico de Coca-Cola hace inmediatamente reconocible el producto. Esta imagen ayudó a convertir a Coca-Cola en el líder del mercado mundial.

La botella de plástico imita la forma de la de cristal

La botella de cristal tradicional diferencia a Coca-Cola de las otras bebidas de cola

El logotipo aparece en las latas de color rojo brillante

LAS PÁGINAS WEB

Internet es una fuente importante de información empresarial, ya que suele informar acerca de productos y servicios. Cualquiera puede crear una página, pero hay que recordar los siguientes puntos:

- Los profesionales siempre estarán más capacitados para crear páginas en Internet. Pídales que reduzcan al mínimo las preliminares (las páginas de bienvenida): abrirse paso a través de páginas y más páginas es irritante, malgasta el tiempo y disuade a los visitantes.
- Si encuentra un sitio eficaz, no dude en copiar los elementos que lo hacen funcionar o adáptelos a las necesidades de su empresa.
- Evite las malas costumbres, como el uso exagerado de los gráficos. Ralentiza el acceso.

LAS RELACIONES PÚBLICAS

Los directivos tienen que tener en cuenta el impacto público de sus acciones. Relaciones públicas (RP) es el término utilizado para describir la manera en la que se comunican temas y mensajes entre una empresa y el público. Maneje las RP internamente o contrate expertos.

85 Sus empleados de relaciones públicas deben ocuparse de situaciones difíciles.

86 Si se encuentra con un periodista hostil, mantenga la calma para no perjudicar unas buenas RP.

MEJORAR EL PERFIL

La reputación de una empresa es una de sus bazas más fundamentales. El papel de las relaciones públicas consiste en aumentar y realzar una buena reputación, y evitar o mitigar perjuicios a la misma. Los expertos en RP trabajan de acuerdo con un plan vinculado a la estrategia global a largo plazo de la empresa. Emplearán una serie de técnicas para apoyar las campañas de publicidad y aumentar la conciencia de la empresa en el público. La publicidad más eficaz es el boca a boca positivo: esta promoción gratuita debe ser uno de los principales objetivos de las RP.

TRABAJAR CON LAS RP

En las empresas pequeñas, puede que las RP las lleve la dirección o empleados no especializados en tratar con la prensa o las agencias de publicidad. En las más grandes, los departamentos internos de RP son indispensables para las tareas rutinarias de mantener el contacto y contestar a los medios y los grupos de interés. Si dispone de un departamento de RP o ha contratado a una empresa de RP, asegúrese de que las personas pertinentes estén informadas acerca de los temas que pueden generar un interés público, desde productos nuevos hasta los últimos resultados de la empresa.

87 Cuando haya malas noticias reconózcalo, especialmente ante usted mismo.

EMPLEAR ASESORES

▼ **INFORMAR A EMPLEADOS**
Si contrata a una empresa de RP por primera vez, presente los asesores de RP al personal pertinenete de su empresa. Explique el objetivo y compruebe que los asesores sepan con quién contactar si surgiera la necesidad.

En general, si hay un mensaje nuevo que desea transmitir al público, es sensato hacer uso de unos asesores de RP. En ocasiones, incluso las empresas grandes con departamentos de RP internos suelen contratar asesores. Éstos van desde imperios multinacionales hasta una sola persona. Deben ser expertos en todo: desde la gestión de una crisis hasta organizar conferencias, desde lanzar productos hasta presentar un nuevo gerente. Suelen tener contactos amplios y son capaces de tener ideas originales y llevarlas a cabo. Siempre debe examinar sus trabajos anteriores y pedir referencias. También recuerde que, independientemente de lo capaz que sea la empresa de RP, sólo puede ser tan buena como su cliente, y que debe contar con los informes adecuados.

USO EFICAZ DE LAS RP

Lo principal que debe recordar al usar las RP es que el volumen de la atención mediática es menos importante que su calidad. Las RP son más baratas que la publicidad, pero uno obtiene aquello por lo cual ha pagado, así que fije un presupuesto razonable. También debe recordar que la publicidad es un arma de doble filo, y que no hay que culpar a los agentes de relaciones públicas si los medios se vuelven hostiles. Y los agentes tampoco podrán compensar la carencia de informes adecuados. Deben trabajar con usted para idear una estrategia de RP, pero al igual que en una relación con proveedores, debe fijar sus deberes y sus expectativas con claridad. Acuerde un plan de acción y revise el progreso de la campaña con regularidad.

PUNTOS QUE RECORDAR

● Los departamentos de RP y los asesores estarán informados sobre las acciones públicas de la empresa.

● El personal debe estar capacitado y saber cuándo debe hablar con los medios y cómo abordar las peticiones de información.

● Los asesores de RP deben estar correctamente informados para que sepan qué se espera de ellos.

● Las RP pueden ser un complemento útil de la publicidad.

● Usar las RP para proyectar la imagen de una empresa mejora la penetración global de la empresa.

LOS MEDIOS IMPRESOS

Los artículos publicados que mencionan su empresa o productos pueden resultar más creíbles para el público que la publicidad directa. Usted y su asesor de RP deben aprovechar las oportunidades para que los artículos y las noticias se publiquen, tanto a escala nacional como local. Los editores suelen estar ansiosos por recibir reportajes; entre en contacto con ellos directamente. Algunos editores pueden ser sumamente exigentes; debe comprobar los requisitos exactos del diario o la revista y contratar ayuda profesional si fuera necesario. Asimismo, asegúrese de que sus comunicados de prensa sean claros y estén bien redactados.

88 Compre y lea los diarios y revistas en los que desee influir.

PUNTOS QUE RECORDAR

● Los comunicados de prensa deben adaptarse a las necesidades de ésta.

● Su empresa se beneficiará si reserva tiempo para los periodistas.

● Siempre es menos arriesgado atenerse a la verdad: al final, los hechos acaban siendo descubiertos.

● Cuanto más accesible sea para los medios, más cobertura recibirá.

LA RADIO

Los numerosos programas de radio locales y nacionales pueden ofrecer grandes ventajas para una campaña publicitaria. La radio proporciona a las empresas una manera diferente e inmediata para llegar hasta el público. Antes de acordar su participación en un programa, compruebe el tipo y el tamaño del público al que llegará. No deseará encontrarse hablando sólo para algunos noctámbulos. Hable con las personalidades radiofónicas de igual a igual y conteste con sinceridad. Intente controlar la entrevista para ser el que más habla y poder transmitir su mensaje.

LA TELEVISIÓN

La televisión es un medio sumamente poderoso y seductor; acepte cualquier invitación para aparecer en ella, a condición de sentirse seguro delante de una cámara. Estudie cómo manejar una entrevista. La técnica consiste en parecer y ser natural, y contestar preguntas del mismo modo que lo haría alejado de la cámara. Los gerentes pueden obtener una práctica útil para aparecer por televisión participando en videoconferencias, especialmente si se ven expuestos a preguntas inesperadas.

89 Trate las cámaras y los micrófonos como si fueran personas amistosas.

LOS PERIODISTAS

Siempre es provechoso cultivar las buenas relaciones con los periodistas que trabajan en radio y televisión. Recuerde que los periodistas no tienen interés en servir a sus fines sino en obtener una buena historia, preferentemente una que derrote a sus competidores. Juegue limpio: ofrecer exclusivas a un periodista irritará a los demás, y no es bueno tenerlos como enemigos. Si los periodistas se ponen en contacto con usted para pedirle sus comentarios acerca de algún tema, y usted no está seguro de lo que debe decir, pregunte si puede volver a llamarlos para hacer una declaración.

90 Si tiene buena relación con la prensa, aprovéchela a fondo.

▼ TRANSMITIR EL MENSAJE CORRECTO
Al hablar con un periodista, piense antes de contestar; responda directamente y hable con seguridad.

Mirar a los ojos demuestra la ausencia de algo que ocultar

El periodista toma notas ocasionales para apoyar la conversación grabada

Un lenguaje corporal abierto transmite cordialidad

Una entrevista grabada garantiza que le citarán con precisión

LAS ESTADÍSTICAS

Los lectores, televidentes y oyentes siempre se sienten impresionados por las estadísticas, incluso cuando no pueden comprobar su exactitud. De hecho, cuantas más estadísticas pueda reunir para apoyar un argumento, ya sea en un artículo periodístico o durante una entrevista para la radio, tanto más convincente le parecerá al público. Una característica de las estadísticas es que los mismos datos pueden presentarse de manera positiva o negativa, según cómo se manejen las cifras. Por ejemplo, si las estadísticas muestran un aumento del 258%, puede no ser tan positivo como parece. Si el período anterior apenas produjo beneficios, aún puede significar que se están teniendo unos pobres resultados.

PUBLICIDAD EFICAZ

*L*as ideas y diseños creativos de la buena
publicidad (que puede darse en cualquier
medio) siempre van vinculados a un objetivo de
ventas claro y mesurable. Asegúrese de que su
publicidad ofrece un buen motivo a sus clientes
potenciales para comprar sus productos.

91 Asegúrese de que el producto cumple con lo prometido, o la publicidad fracasará.

92 Para lograr impactar, la publicidad debe tener un objetivo.

PLANIFICAR LA PUBLICIDAD

Independientemente de si emprende una campaña
cara a largo plazo o si inserta un único anuncio en
un diario, planifique su publicidad con cuidado.
Cualquier publicidad transmite un mensaje
público acerca de su empresa. Lo que anuncia
y la cifra de su presupuesto influenciará el
medio elegido. ¿Usará la televisión, radio, diarios,
revistas, vallas publicitarias, Internet o correo
directo, por ejemplo? Si usa más de uno, los
mensajes en los diferentes medios deben reforzarse
entre sí. Si la campaña es importante, contrate
una agencia de publicidad.

93 Sea creativo: puede tener éxito hasta con un presupuesto reducido.

CASO PRÁCTICO

Una empresa fabricante de calzado quería lanzar una marca de botas. La empresa contrató una agencia de publicidad cuya investigación respecto de la clientela mostró que el mercado para dichas botas era limitado. La agencia consideró que la marca no soportaría una campaña publicitaria intensa destinada a todos aquellos que podrían comprar las botas. En cambio decidió dedicar sus esfuerzos a un grupo más reducido de lo

que llamó «líderes de estilo». El deseo de comprar se transmitiría desde este grupo selecto a otros compradores. La agencia publicó anuncios en revistas de moda para atraer a los líderes de estilo, aunque la investigación demostró que la revista era leída por pocos compradores potenciales.

La estrategia funcionó: los líderes de estilo adquirieron las botas, y a éstos les siguieron miles de compradores que nunca habían visto el anuncio. Las ventas se multiplicaron por cinco.

◄ UN GRUPO DESTINATARIO

En este caso práctico, la campaña tuvo éxito porque la agencia tenía un gran conocimiento del grupo destinatario. Se dieron cuenta de que no sería la cantidad de publicidad lo que más afectaría al grupo, sino la calidad de la publicación en la que aparecería el anuncio.

MEDIR LA PERCEPCIÓN

Investigar el mercado es esencial, porque la
información proporciona un patrón para juzgar si
la publicidad está funcionando. Si fuera necesario,
contrate a especialistas en la investigación de mercado
para obtener reacciones. Por ejemplo, un sondeo
puede revelar el alcance de la percepción pública de
un producto anunciado, durante y después de una
campaña. Si fuera pertinente, adapte su publicidad
para llegar a un nuevo público objetivo.

> **94** Utilice grupos de consumidores para probar los anuncios antes de publicarlos.

INTERNET

Cada vez hay más empresas que hacen publicidad con
éxito en Internet. Una importante empresa que vende
ordenadores obtiene un 10% de sus ventas gracias a su
«tienda» Web abierta las veinticuatro horas y los siete
días de la semana. Hay varias razones que explican
por qué la publicidad en Internet es tan popular:
● Se pueden anunciar productos y venderlos
  directamente de manera simultánea;
● Las imágenes pueden moverse y así son más eficaces;
● Su coste es bajo comparado con el de otros medios;
● En potencia, la red es el medio más amplio para
  anunciar muchos servicios y productos, tanto
  industriales como de consumo.

▲ PÁGINAS WEB
*Use sus páginas en Internet para vender
productos, hacer publicidad e informar.
Puede publicar anuncios en las páginas
de otros, incluso si dispone de uno propio.*

EL CORREO DIRECTO

La ventaja de una campaña de correo directo
–cuando se intenta vender por correo un
producto o servicio a clientes seleccionados–
es que el mensaje llega directamente al grupo
apetecido. Esto significa que la respuesta y la
eficacia en cuanto al coste de este sistema
pueden medirse con precisión. Para alcanzar
el máximo de eficacia, la lista debe ser la
adecuada: compilada por su propio personal
o comprada a una empresa. Incluya la oferta
correcta y su campaña funcionará
correctamente. La investigación demuestra
que es más probable obtener una respuesta
si el sobre contiene una serie de elementos.
Si el grupo al que va dirigido el producto es
reducido, es posible que pueda manejarlo
todo sin tener que recurrir a un departamento
dedicado a ello o a unos especialistas.

COMUNICAR EN EL TRABAJO

Las técnicas empleadas para la comunicación externa pueden aplicarse de manera eficaz para comunicarse dentro de la empresa, aunque la escala y el presupuesto serán mucho menores. Aproveche estos métodos y asegúrese de que los mensajes lleguen hasta el personal.

95 Celebre actos sociales para obtener reacciones informales del personal.

GANARSE A LOS EMPLEADOS

Los empleados son personas cuyo sustento depende en gran medida de los servicios ofrecidos por la dirección. De hecho, son los «clientes» más importantes de la empresa. De un modo similar, cada departamento de una empresa es un «cliente» de otro; todos dependen de todos para proporcionar servicios de manera eficaz. Todas las líneas de comunicación entre departamentos deben ser abiertas.

Los buenos empresarios aprovechan todas las oportunidades y transacciones con los empleados para demostrar que realmente consideran que las personas son bazas valiosas. Para hacer llegar este mensaje, la comunicación es importante. Determine qué tipo de ofrecimientos pueden convencer a sus empleados: por ejemplo, mayor formación o instalaciones deportivas.

96 Pida consejo profesional sobre las técnicas mediáticas que puede aplicar.

MARKETING INTERNO

Para llamar la atención de las personas, el marketing interno de una empresa puede funcionar con la misma eficacia que el externo, atrayendo su interés, estimulando su deseo de participar, convenciéndolos de seguir sus pasos y alentando la conducta deseada por usted. Hay diversos mecanismos, desde competiciones hasta grupos de consumidores, eficaces para transmitir el mensaje adecuadamente. Recuerde que no debe dirigirse en tono condescendiente al público y siempre diga la verdad.

97 Use logotipos en toda la papelería para promocionar la empresa.

USO DE DIVERSOS MEDIOS DENTRO DE UNA EMPRESA

TIPO DE MEDIO	FACTORES QUE CONSIDERAR
FOLLETOS Cuestionarios, avisos y notas.	● Son útiles para informar sobre asuntos que afectan a los empleados, como los resultados de sondeos de actitud. ● Incluso si son lo más breves y concisos posible, los folletos generan un inevitable aumento del papel acumulado y suelen acabar en la papelera, sin ser leídos.
REUNIONES Y ACTOS SOCIALES Reuniones de equipo, conferencias de ventas y lanzamientos de productos.	● Oportunidad ideal para motivar a una empresa o equipo. ● Los actos sociales pueden ser caros porque requieren una planificación y una organización. Los más numerosos también suelen requerir ayuda profesional y locales de primera categoría.
PUBLICACIONES Revistas ilustradas y folletos informativos impresos por ordenador.	● Deben adaptarse a los gustos y necesidades de los empleados. Investigue alentando los comentarios de los lectores para asegurarse de que el esfuerzo vale la pena. ● Exigen un gran esfuerzo para lo que puede ser un público reducido.
ELECTRÓNICO Internet, Intranet y otras redes electrónicas.	● La mayor ventaja es que pueden actualizarse de manera continua y proporcionar una respuesta inmediata. La información puede enviarse a todo el mundo en segundos. ● El mayor inconveniente es el posible abuso, esto es, el uso para necesidades personales.
TELEVISIVO Vídeo, televisión de circuito cerrado y multimedia.	● Éste es un enfoque moderno que suele usar elementos interactivos para obtener el máximo efecto. ● Estos métodos de comunicación pueden ser caros porque requieren una formación y una respuesta profesionales.

DAR PUBLICIDAD AL EQUIPO

Una de sus responsabilidades como directivo es «publicitar» la imagen de su equipo entre colegas y superiores. Para hacerlo, asegúrese de que el trabajo de su personal sea reconocido, intente que los superiores estén presentes en las celebraciones y en las sesiones de estrategia, asegúrese de que las buenas noticias acerca del departamento aparezcan en las revistas empresariales y haga alarde de cualquier logro interno.

98 Averigüe cuáles de sus colegas tienen más capacidad para comunicar.

COMPROBAR QUE EL MENSAJE HA SIDO RECIBIDO

Si comunica para mejorar la penetración, debe comprobar cómo es recibido su mensaje. Los directivos suelen ser muy malos jueces en esto. Recuerde que hay una sola fuente fiable acerca de la imagen: los destinatarios.

99 Si desea obtener una respuesta sincera, sea sincero con el personal.

OBTENER ▼ RESPUESTAS ÚTILES

Para una comunicación eficaz, la manera en que se transmiten las reacciones, y lo que ocurre con ellas, es fundamental. Celebre reuniones de equipo para comprobar que se hace un buen uso de las respuestas. Lo más importante es la reacción y las medidas tomadas por la administración como respuesta a dichas reacciones.

EVALUAR LA PENETRACIÓN

La prueba para comprobar si las comunicaciones externas e internas tienen éxito es hasta qué punto penetran en los destinatarios. Si la reacción es negativa hay dos posibilidades: el mensaje se lo merece o no ha penetrado. Sea cual sea el caso, hay que tomar medidas. Un análisis sincero de los motivos proporcionará una base para una comunicación futura eficaz.

ESCUCHAR AL PERSONAL

Las reacciones más importantes son las conversaciones individuales informales entre los directivos y el personal. Sin embargo, también es posible comprobar la manera en la que se percibe la dirección por medio de un enfoque más formal, como realizar sondeos de actitud, aunque éstos a veces son caros. Otras maneras de obtener información útil incluyen los sondeos más limitados, las encuestas de muestreo, los buzones de sugerencias y los grupos de enfoque. Por ejemplo, intente realizar dos encuestas anuales para averiguar cómo puntúan la gestión. Este tipo de encuesta sirve para suscitar comentarios y ofrecerá indicios generales acerca de la moral de la plantilla.

PREGUNTAS QUE PLANTEAR AL PERSONAL

P ¿Cómo obtiene la mayor parte de la información acerca de la empresa?

P Su superior, ¿se comunica con usted, constantemente, con frecuencia, algunas veces o nunca?

P ¿Qué sabe de la estrategia de la empresa?

P ¿Qué le gustaría saber?

P ¿Cuál es el tipo de comunicación más eficaz para usted?

OPINIONES EXTERNAS

Si los cuestionarios internos o los grupos de enfoque, las entrevistas uno a uno con los empleados, o cualquier otro tipo de reunión revelaran problemas, es probable que también haya que mejorar la imagen externa de la empresa. Obtenga reacciones hablando con proveedores y clientes, o quizá llevando a cabo un sondeo. También debe comprobar la respuesta general frente a campañas publicitarias o de RP recientes. Si las reacciones sugirieran una falta de satisfacción deberá encontrar un remedio con rapidez.

100 Si dos o más personas plantean la misma queja, puede ser generalizada.

MEJORAR LA COMUNICACIÓN

Para mejorar la comunicación interna, comprometa a todos los directivos, destacando su responsabilidad para comunicar con claridad y coherencia. Decida si otros miembros del personal también necesitan perfeccionar su aptitud para comunicar. En el caso de las comunicaciones externas, acuerde un plan de acción con todas las personas pertinentes. Debe llegar a la raíz del problema, reforzar su eficacia y modificar la imagen recibida, si no los errores se repetirán.

101 Si sólo obtiene respuestas positivas, es posible que algo permanezca oculto.

EVALUAR LAS APTITUDES PARA LA COMUNICACIÓN

E valúe su capacidad de comunicación contestando a las siguientes afirmaciones. Marque las opciones más cercanas a su experiencia. Sea lo más sincero posible: si su respuesta es «nunca», marque la opción 1; si es «siempre», la opción 4, etc. Sume los puntos y consulte el Análisis para conocer sus aptitudes como comunicador. Las respuestas le servirán para identificar las áreas en las que debe perfeccionarse.

OPCIONES
1 Nunca
2 A veces
3 Con frecuencia
4 Siempre

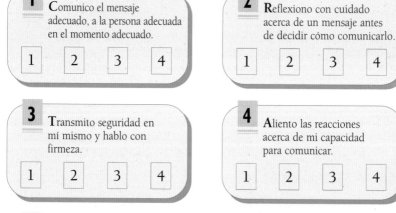

1 Comunico el mensaje adecuado, a la persona adecuada en el momento adecuado.

1 2 3 4

2 Reflexiono con cuidado acerca de un mensaje antes de decidir cómo comunicarlo.

1 2 3 4

3 Transmito seguridad en mí mismo y hablo con firmeza.

1 2 3 4

4 Aliento las reacciones acerca de mi capacidad para comunicar.

1 2 3 4

5 Antes de contestar, escucho con atención y veo si lo he comprendido.

1 2 3 4

6 Al juzgar a otros, intento excluir cualquier tipo de prejuicio personal.

1 2 3 4

7 Cuando estoy con otras personas, soy positivo y cortés.

| 1 | 2 | 3 | 4 |

8 Me tomo tiempo para ofrecer a los demás la información que necesitan.

| 1 | 2 | 3 | 4 |

9 Uso las reuniones uno a uno para revisar el rendimiento y la formación.

| 1 | 2 | 3 | 4 |

10 Interrogo a las personas para averiguar lo que piensan y cómo progresan.

| 1 | 2 | 3 | 4 |

11 Distribuyo informes que ofrecen toda la información pertinente relativa a una tarea.

| 1 | 2 | 3 | 4 |

12 Empleo técnicas telefónicas para perfeccionar mis comunicaciones.

| 1 | 2 | 3 | 4 |

13 Me comunico a través de todos los medios electrónicos disponibles.

| 1 | 2 | 3 | 4 |

14 Me esmero al escribir todas las comunicaciones internas y externas.

| 1 | 2 | 3 | 4 |

15 Uso un sistema eficaz para tomar notas de actas, entrevistas e investigaciones.

| 1 | 2 | 3 | 4 |

16 Pido críticas a personas fiables sobre cartas y documentos importantes.

| 1 | 2 | 3 | 4 |

COMUNICAR PARA OBTENER RESULTADOS

17 Empleo técnicas de lectura rápida para acelerar el ritmo del trabajo.

1   2   3   4

18 Preparo los discursos con cuidado y los pronuncio habiéndolos ensayado.

1   2   3   4

19 Tengo un papel activo y muy destacado en la capacitación interna.

1   2   3   4

20 Planifico actos importantes, como conferencias, con un gran nivel profesional.

1   2   3   4

21 Empleo las reglas de la venta indirecta y directa para comunicar mis puntos de vista.

1   2   3   4

22 Emprendo negociaciones informado acerca de los temas y necesidades de la otra parte.

1   2   3   4

23 Mis informes son precisos, concisos, claros y bien estructurados.

1   2   3   4

24 Hago una investigación a fondo antes de presentar una propuesta por escrito.

1   2   3   4

25 Intento comprender cómo reaccionan todos los públicos de interés frente a la empresa.

1   2   3   4

26 Considero de qué manera los asesores pueden ayudar en las relaciones públicas.

1   2   3   4

27 Tengo contactos útiles con periodistas.

| 1 | 2 | 3 | 4 |

28 Me aseguro de que el trabajo especializado sea realizado por profesionales.

| 1 | 2 | 3 | 4 |

29 Mis informes dirigidos a las agencias de publicidad se basan en objetivos definidos.

| 1 | 2 | 3 | 4 |

30 Doy prioridad a la comunicación regular con los empleados.

| 1 | 2 | 3 | 4 |

31 Reacciono de manera positiva ante las reacciones de empleados y otras personas.

| 1 | 2 | 3 | 4 |

32 Tengo una estrategia para comunicar y compruebo las actividades según el plan.

| 1 | 2 | 3 | 4 |

ANÁLISIS

Ahora que ha hecho la autoevaluación, sume los puntos totales y vea su puntuación leyendo la evaluación correspondiente. Independientemente del éxito obtenido, es importante recordar que siempre se puede mejorar. Identifique las áreas más endebles y consulte los apartados de este libro, donde hallará consejos prácticos que le ayudarán a perfeccionar sus aptitudes para comunicar.

2-64: No comunica con eficacia ni suficientemente. Preste atención a las reacciones y aprenda de los errores.
65-95: Como comunicador tiene lagunas. Procure mejorar sus defectos.
96-128: Usted es un comunicador excelente. Pero recuerde que siempre hay que saber comunicar y que nunca se comunica demasiado.

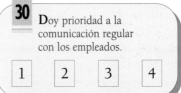

GLOSARIO